MITTEN IM BLAU

Linus Geschke

MITTEN IM
BLAU

Der Autor

....

Mit seinen Reportagen und Berichten auf Spiegel Online, im Sporttaucher sowie im Onlinemagazin DiveInside ist Linus Geschke der wohl meistgelesene Autor von Tauchberichten in Deutschland – seine Storys rund um die Kunstfigur „Roswitha" haben Kultstatus erreicht. Der hauptberufliche Journalist und Absolvent der Kölner Journalistenschule gewann bereits zwei Reportagepreise. Für den WDR ist er als freier Mitarbeiter tätig. Mit dem Tauchen begann Linus Geschke 1997, heute ist er Tauchlehrer und hat weit über 1000 Tauchgänge absolviert. Das Rote Meer ist für ihn „die große Liebe unter Wasser" – gerade dann, wenn es um Tauchsafaris geht. Nach rund 40 Touren auf den verschiedensten Routen erscheint nun sein erstes Buch: „Mitten im Blau – Tauchsafaris in Ägypten".

1. Auflage Januar 2011
© 2011, JESBIN Buchverlag e.K., Oldenburg
Alle Rechte vorbehalten

Umschlaggestaltung: Ulf Behrmann
Satz und Layout: Thorsten Sander
Druck und Bindung: TZ-Verlag & Print GmbH, Roßdorf
Printed in Germany

ISBN 978-3-939276-01-2

INHALT

VORWORT

Kaum eine Variante von Tauchreisen erlebte im letzten Jahrzehnt einen solchen Boom wie Tauchsafaris im Roten Meer: Bequemer als von Bord eines Safarischiffes aus lassen sich die prächtigsten Riffe Ägyptens kaum betauchen. Hier ist kein Schleppen der Ausrüstung nötig, kein Wechsel der Tauchflaschen nach jedem Tauchgang – der ganze Tag besteht aus einer Aneinanderreihung von Schlafen, Essen und Tauchen, unterbrochen nur von dem Gebimmel der Schiffsglocke, welches die nächste Mahlzeit oder das anstehende Briefing einläutet. Es sind traumhafte Momente, die man an Bord eines Safarischiffes erleben kann: Wenn die Sonne das Meer küsst und dieses – es ist ja schüchtern – dabei sanft errötet. Wenn die Taucher am späten Abend unter dem Sternenzelt sitzen und die Erlebnisse des Tages Revue passieren lassen. Wenn man während der Überfahrt auf der Bugspitze sitzt, die Bewegungen des Schiffes unter sich spürt und den Blick dabei auf einen Horizont gerichtet hat, hinter dem sich Abenteuer um Abenteuer verbirgt.

Doch neben all den subjektiven Eindrücken sprechen auch handfeste Gründe dafür, das Safarischiff dem kombinierten Urlaub aus Hotel und Tauchbasis an Land vorzuziehen. Da ist zum einen der Preis: Eine einwöchige Tauchsafari inklusive Flug und Vollpension ist auf preisgünstigen Schiffen bereits für rund EUR 1000 zu haben. Wer nochmals EUR 300 mehr bezahlt, bekommt schon ein 5-Sterne-Schiff, welches in punkto Ausstattung und Service kaum noch Wünsche offen lässt. Da sich die Nebenkosten an Bord nahe der Nullgrenze bewegen, liegen die Gesamtreisekosten oftmals deutlich unter dem, was eine ähnliche Kombination an Land verschlingen würde. Zum anderen erreicht man im Rahmen einer Kreuzfahrt Riffe, die den küstennahen Gegenstücken in Sachen Fischreichtum und Korallenpracht meist deutlich überlegen sind – auch, wenn das in Katalogen häufig gebrauchte Attribut „unberührt" mit der Wirklichkeit schon lange nichts mehr zu tun hat. Aus den Expeditionstouren vergangener Tage ist ein ganzer Wirtschaftszweig entstanden, der eine im Schnitt immer unerfahrenere Klientel zu küstenfernen Tauchspots bringt: Zehn oder mehr Boote an einem Ziel wie den Brother Islands sind heute keine Seltenheit mehr.

Doch dies kann nicht davon ablenken, dass das Rote Meer trotz aller negativen Auswüchse zu den faszinierendsten und besten Tauchgebieten weltweit gehört – und dazu von Deutschland aus in gut vier Stunden Flugzeit zu erreichen ist. Vielleicht ist dies auch der Grund dafür, warum viele Taucher dem Land nicht den Stellenwert verleihen, den es als Tauchreiseziel verdient: Es ist einfach nicht exotisch genug. Richie Kohler, ein US-amerikanischer Wracktaucher, der die Sendereihe „Deep Sea Detectives" im *History Channel* moderierte, sagte mal zu mir: „Ihr Europäer habt so ein Glück, eines der drei besten Tauchgebiete weltweit quasi vor der Haustür liegen zu haben. Für mich ist das immer eine halbe Weltreise, die sich dennoch jedes Mal gelohnt hat." Und so sollte auch dieses Buch nicht als sachlich-nüchterne Abhandlung diverser Tauchplätze verstanden werden, sondern als das, was es eigentlich ist: Eine Liebeserklärung an eines der interessantesten Tauchgebiete, die unser Planet zu bieten hat.

Doch was sollte man auf den beliebtesten Touren wirklich gesehen haben, welche Tauchgangsvarianten bieten sich wo an? Beide Fragen werden in dem vorliegenden Buch ausführlich beantwortet, dazu die Lage der Spots mit detaillierten Riffkarten vorgestellt. Damit der Umfang keine epischen Dimensionen erreicht, habe ich auf die Vorstellung jedes einzelnen Tauchplatzes verzichtet, der auf den beschriebenen Touren angesteuert werden kann und mich stattdessen auf die jeweiligen Highlights konzentriert: Wirklich Schlechtes gibt es auf den Routen nicht, dafür vieles, was schlichtweg einfach herausragend ist.

Suchtfaktor Rotes Meer
Der Autor Linus Geschke (vorne)
mit einem Buddy an den
prächtigen Riffen Ägyptens

Wo es mir sinnvoll erschien, habe ich bereits veröffentlichte Berichte von mir aus *Spiegel Online* (www.spiegel.de) und den Tauchmagazinen *DiveInside* (www.diveinside.de) und *Sporttaucher* einfließen lassen: Dafür gebührt den Redaktionen, die hierfür die Reportagen freigegeben haben, mein Dank. Ebenso bedanken möchte ich mich für die Hilfe derer, ohne die das Buch nicht realisierbar gewesen wäre: Bei Lutz Hoffmann, Michael Böhm, Gernot Saborowski und Wolfgang Pölzer für das faszinierende Bildmaterial. Bei Nina Zschiesche, Redakteurin des VDST-Mitgliedermagazins *Sporttaucher*, für ihren Gastbeitrag und die tolle Zusammenarbeit. Bei Antje Blinda und Stephan Orth von *Spiegel Online*: So Redakteure wie Euch wünsche ich jedem Autor! Bei Armin Süss und Herbert Gförer, den Geschäftsführern von Taucher. Net (www.taucher.net), die mir bei allen Reisen und Berichten stets freie Hand gelassen haben – keine Selbstverständlichkeit in dieser Branche. Bei Monika Hofbauer (www.omneia.de) und Bernhard „Huby" Huber, den wohl besten Guides, die das Rote Meer je gesehen hat: Ich hoffe, die Leser erfahren nie, wie viel von euch in diesem Buch steckt! Bei etlichen Mitreisenden auf diversen Touren, die erst dafür gesorgt haben, dass die Safaris so richtig „rund" wurden – ich hoffe, ihr wisst, wen ich meine. Und vor allem bei Christiane „Cici" Nedwed von *Seawolf Safaris* (www.seawolf-safari.com), die in den letzten zehn Jahren nicht nur manch unmögliche Tour möglich gemacht hat, sondern mir zur echten Freundin geworden ist. Ihnen allen von Herzen: Danke!

MUTTER ALLER TAUCHSAFARIS:
DIE WRACK- ODER NORDTOUR

Sie ist die Mutter aller Tauchsafaris, die größte Liebe von Tauchern, denen Wrackerkundungen über Großfischsichtungen gehen: Die Nord- oder Wracktour. Doch auch, wenn versunkene Schiffe auf dieser Reise im Vordergrund stehen, ist sie nicht nur für die Liebhaber von Altmetall interessant. Auf keiner anderen Safaristrecke ist die Wahrscheinlichkeit größer, unter Wasser auf Delfine zu treffen: Insbesondere das Dreieck zwischen den Riffen Shaab El Erg, Um Ush und dem Wrack der *Rosalie Moller* bietet hierfür ausgezeichnete Bedingungen. Dazu kommen schöne Steilwände wie jener am Bluff Point und Korallengärten wie bei Shag Rock, die zu den prächtigsten des Roten Meeres gehören und auch für Taucher interessant sind, denen der Sinn mehr nach Fisch und Farben steht.

Doch wer diese Route bucht, hat meist ganz andere Namen im Kopf: *Thistlegorm*, *Ghiannis D*, *Carnatic* oder den der *Rosalie Moller*, die als „Mount Everest für Sporttaucher" im Roten Meer gilt. Namen, die durch unzählige Berichte und TV-Dokumentationen im kollektiven Taucherbewusstsein so fest verankert wurden, dass sie auch den meisten Anfängern ein Begriff sind; lange, bevor diese sie das erste Mal vor die Maske bekommen. Und wie auf kaum einer anderen Tour ist hier ein perfektes Miteinander zwischen erfahrenen und unerfahrenen Tauchern problemlos möglich: Bis auf die *Rosalie Moller* sind alle Spots prinzipiell auch für Anfänger geeignet, die dann die Außenbereiche der Wracks erkunden, während sich die Erfahrenen in die tiefer gelegenen Innenräume vorwagen können.

Nach dem großen Run auf die Nordsafari begann Ende der 90er Jahre so etwas wie eine Ermüdung unter den Tauchern. Die Safariunternehmen setzten auf der Route größtenteils nur noch ihre älteren, einmotorigen Schiffe ein – die neugebauten und mit zwei Motoren ausgestatteten Flaggschiffe kreuzten dagegen vor den Brother Islands und auf der St. Johns-Tour, die zu jener Zeit zu der beliebtesten Strecke überhaupt avancierte. Dazu kam das damals gültige Tiefenlimit von 30 Metern in Ägypten, welches einen Abstecher zur *Rosalie Moller* offiziell unmöglich machte. Alles zusammen sorgte dafür, dass die einstmals so beliebte Wracksafari nur noch ein Schattendasein führte und für mehrere Jahre in eine Art Dornröschenschlaf versank, bis das Bild sich im Jahr 2008 plötzlich wieder änderte. Ägypten gab 40 Meter Tiefe für Sporttaucher frei und ohne, dass dies groß beworben wurde, stieg die Nachfrage nach Trips in den Norden dann wieder sprunghaft an. Christiane „Cici" Nedwed, Inhaberin von *Seawolf Diving*, wunderte sich: „Auf einmal hatten wir wieder viele Anfragen, nahmen den nördlichen Teil des Roten Meeres verstärkt in unseren Tourenkalender auf und bedienten die Strecke auch wieder mit unseren großen Booten. Zwar sind bis heute die St. Johns- oder Brotherstouren die beliebtesten geblieben, aber ein Schattendasein führt die Wracksafari schon lange nicht mehr." Dazu trägt auch der Preis bei: Keine Safari ist zu ähnlich günstigen Kursen zu buchen wie der Trip in den altmetallreichen Norden Ägyptens.

UNTERWEGS

Nie verliert man während der Fahrt die Küstenlinie des ägyptischen Festlandes oder des Sinai aus den Augen, ständig stellen imposante Bergketten eine dramatische Hintergrundkulisse für das dar, was unter der azurblauen Wasseroberfläche auf die Reisenden wartet. Nur kurz sind die Passagen zwischen den einzelnen Spots, man ankert an vor Wellen geschützten Plätzen und Seekranke haben lediglich die Überfahrt durch die Straße von Suez zu fürchten, bei denen das Boot quer zur vorherrschenden Wellenbewegung unterwegs ist, um die bei Shaab Ali liegende *Thistlegorm* zu erreichen. Dass sämtliche auf der Tour angesteuerten Spots prinzipiell auch mit Tagesbooten zu erreichen sind,

ist nur auf den ersten Blick ein Nachteil: Bei guter Organisation macht man den ersten Tauchgang, bevor die Armada der Tagesboote das Ziel erreicht hat; den zweiten, wenn diese das erste Mal aus dem Wasser kommen und den dritten, wenn die anderen Kapitäne schon wieder die Leinen lösen, um pünktlich im heimischen Hafen einlaufen zu können. Im September 2010 war ich an Bord der *Seawolf Felo* auf einer Tour, die Monika Hofbauer von *Omneia* organisiert und begleitet hat – und auf der wir, trotz zahlreicher Tagesboote, kein einziges Mal ein Wrack mit anderen Tauchern teilen mussten. Wer die Wracks also richtig kennenlernen will und nicht nur streifen möchte, kommt um eine Tauchsafari nicht herum: Ganz abgesehen vom grandiosen Gemeinschaftsgefühl an Bord, welches auf Tagesbooten weder für Geld noch für gute Worte zu haben ist.

AM ZIEL

So eine Wracksafari hat gegenüber allen anderen Touren einen entscheidenden Vorteil: Die Wracks sind – anders als Großfische – immer da. Unabhängig von der Strömung, unabhängig von den Wassertemperaturen bekommt man, wofür man bezahlt hat. Und auch, wenn bereits hunderttausende Taucher vor einem da waren, bleibt die Abenteuer- und Entdeckerlust die Triebfeder schlechthin: Vielleicht entdeckt man ja doch noch ein neues Detail, sichtet ein von Plünderern bislang übersehenes Artefakt? Selbst die *Thistlegorm*, die an schlechten Tagen eher einem Abenteuerspielplatz für Tauchermassen gleicht, wird demjenigen, der zum ersten Mal dort ist, immer noch den Atem rauben: Wo, bitte, gibt es ein ähnliches Wrack mit vergleichbarer Ladung in solch leicht erreichbaren Tiefen? Dann Abu Nuhas mit seinen vier Wracks, die alle aufgrund einer Kollision mit dem Riff gesunken sind: Welch ein Unterschied zu den künstlich versenkten Wracks in anderen Teilen der Welt, denen es komplett an Charisma fehlt, die lediglich leeren Hüllen gleichen, ohne Ausstrahlung, ohne Seele. Und die *Rosalie Moller* – für viele erfahrene Taucher ist sie in Ägypten das Wrack schlechthin. Mysteriös, geheimnisvoll, oft von trübem Wasser umgeben. Selbst jetzt, beim Schreiben des Buches, bei zehn Grad im verregneten Köln, könnte ich alleine schon beim Gedanken an die *Rosalie* mein Tauchzeug packen und den nächsten Flieger nach Hurghada besteigen: Hin zu einer Welt, die versunken dar liegt, wie es der Titel des Buches verheißt: Mitten im Blau.

DAS WRACK DER
ROSALIE MOLLER

Für Kapitän Byrne und seine Besatzung mag die Nacht vom 07. auf den 08. Oktober 1941 langweilig begonnen haben. Wahrscheinlich haben einige der Männer Karten gespielt, andere lagen schwitzend in ihren Kojen, schliefen oder unterhielten sich. Das Meer um die *Rosalie Moller* herum schimmerte im Mondlicht glatt und friedlich, gerade so, als wenn knapp 48 Stunden zuvor nichts passiert wäre. Die Schreckensmeldung von der versenkten *Thistlegorm* hatte bereits die Runde gemacht und alle an

Bord hofften, dass ihnen ein ähnliches Schicksal erspart bliebe. Hatten die Männer Angst? Haben sie inmitten der heißen Nacht auf eine schnelle Passage gehofft? Oder setzte sich die Monotonie des Nichtstuns schon wieder durch? Mitternacht war vorbei, ein Crewmitglied ging an Deck, um in der abgeschirmten Hand eine Zigarette zu rauchen. Dann begannen die längsten Minuten seines Lebens.

Im Tiefflug griffen zwei Heinkel He111-Bomber das Schiff an, klinkten ihre sprengstoffgefüllte Last aus und zogen die Maschinen, kurz bevor es zu einer Kollision kam, wieder steil nach oben. Das Dröhnen der Motoren erreichte gerade seinen Höhepunkt, als das Inferno ausbrach: Eine der Bomben traf den dritten Laderaum, riss ein großes Loch und brachte wahrscheinlich auch Kohlenstaub zur Explosion, der den Rumpf nahe des Kiels aufriss. Die Borduhren zeigten C0:45 Uhr an, als der knapp einstündige Todeskampf der *Rosalie Moller* begann. Immer tiefer sank das Heck ins Wasser, die Laderäume füllten sich, der alte Stahl ächzte – das Schiff war nicht mehr zu retten. Als sich das Meer wieder über dem Kohletransporter geschlossen hatte, durchbrach eine große Luftblase wie ein letzter Atemzug die Oberfläche. Dann war Stille.

Als der Zweite Weltkrieg ausbrach, war die *Rosalie Moller* bereits ein altes, müdes Schiff. Mit ihrer 400PS starken Dreizylinder-Dampfmaschine konnte sie ohne Zuladung lediglich eine Höchstgeschwindigkeit von zehn Knoten erreichen, viel zu langsam für den Einsatz in schnellen Geleitzügen. Der 1910 in Glasgow gebaute Frachter wurde, unter dem Kommando des australischen Kapitäns James Byrne stehend, hauptsächlich als Kohletransporter für die Royal Navy eingesetzt, wo er Flottenstützpunkte um Großbritannien herum mit Kohle aus Wales versorgte: Ein dreckiger Job, der wenig Ehre einbrachte, aber in Kriegszeiten überlebenswichtig war. Doch die *Rosalie Moller* sollte noch einmal die kontinentalen Gewässer verlassen. Das 108 Meter lange und 15 Meter breite Schiff startete im Juli 1941 zu seiner letzten großen Reise, die es an Afrikas Ostküste vorbei und dann um das Kap der Guten Hoffnung herum bis ins Rote Meer führte. Als das Schiff im September 1941 den Golf von Suez erreichte und am „Safe Anchorage H" nahe Gubal vor Anker ging, um auf die Durchfahrtsgenehmigung für den Suezkanal zu warten, war sein Schicksal besiegelt: Im Feuerschein der explodierenden *Thistlegorm* entdeckten die deutschen Fliegerbesatzungen am 06. Oktober auch die 3963 Tonnen schwere *Rosalie Moller*. Zwei Nächte später kehrten andere Bomber zurück, um ihr Werk zu vollenden.

TAUCHEN AN DER ROSALIE MOLLER

Die *Rosalie Moller* auf der Nord- oder Wracktour nicht anzusteuern, ist – man muss das so deutlich sagen – ein Frevel und kaum mit logischen Argumenten zu erklären. Und dennoch scheint dieses Schiff bei einigen Veranstaltern auf einer schwarzen Liste zu stehen, begründet durch Argumente, die häufig keiner genauen Betrachtung standhalten. Sowohl Deck wie auch Aufbauten liegen innerhalb der in Ägypten erlaubten Tiefengrenze von 40 Metern und die Strömung ist, wenn überhaupt, meist nur mäßig ausgeprägt. Einzig die durch die Tiefe und das Rechteckprofil begründete geringe Nullzeit lassen das Schiff nicht zum Abenteuerspielplatz für unerfahrenere Taucher werden: Der *Rosalie Moller* sollte man sich mit Respekt nähern, ein unkalkulierbares Wagnis aber ist sie nicht.

Nach dem Abstieg vom im Heckbereich des Wracks festgemachten Tauchschiff sinkt man langsam tiefer, bis sich die Konturen der *Rosalie Moller* schemenhaft aus dem Dunkel lösen. Sie liegt aufrecht auf ebenem Kiel und wirkt dabei wie ein Geisterschiff, welches jederzeit bereit ist, sich vom Grund zu lösen und wieder Fahrt aufzunehmen. Der hintere Mast ist infolge der vielen Schiffe, die an ihm festgemacht haben, mittlerweile umgekippt und liegt schräg auf dem Deck, sein Ende ragt über die Backbordseite hinaus. Am Schluss der Ankerleine angekommen, sollte der erste Ausflug die Taucher zur Heckreling führen, die sich erstaunlich gut erhalten zeigt und traumhaft mit Hart- und Weichkorallen bewachsen ist. Das Heck selber hat mit seiner wunderschön geschwungenen Form deutlich mehr Ähnlichkeit mit dem eines alten Segelschiffes und ist ein erstklassiges Fotomotiv. Luft und Zeit sind knapp in diesen Regionen und so kann man sich den weiteren Abstieg zu Propeller und Ruderblatt in 48 Meter Tiefe ruhig sparen – die Hauptattraktionen liegen eine Etage höher.

Das hintere Deck befindet sich in rund 35 Meter Tiefe und bietet mit seinen kleinen Aufbauten sowie den seitlichen Relings Zufluchtsstätten für allerlei Fischleben. Glasfische, Barsche und Rotfeuerfische tummeln sich in jeder noch so kleinen Ecke und oftmals ziehen imposante Makrelenschwärme durch das Freiwasser, welches sich um die *Rosalie Moller* herum häufig trüber als in anderen Regionen des Roten Meeres präsentiert. Langsam in Richtung des Bugs weiter tauchend, sieht man auf der Steuerbordseite in Höhe des umgeknickten Lademastes das Loch, welches 1941 von der Bombe in den Schiffsleib gerissen wurde. Die Laderäume selbst lohnen keiner näheren Betrachtung, außer ein wenig Kohle lässt sich in ihnen nichts Spannendes entdecken. Langsam kommt das wahre Highlight des Wracks in das Blickfeld der Taucher: Die mittleren Aufbauten. Beim ersten Mal sollte man den mittleren Durchgang wählen und sich den Weg über Steuerbord- oder Backbordseite für später aufbewahren. Vom Mittelgang aus zweigen die interessantesten Räume ab, deren hölzerne Decken und Trennwände meist schon verrottet sind und so das Durchtauchen problemlos ermöglichen. Direkt der erste

Raum auf der linken Seite beherbergt die Kombüse, auf deren Herd sich immer noch ein Topf befindet und deren Wände Pfannen zieren, die mittlerweile mit dem Schiffsstahl fest verwachsen sind. Aber auch der Blick nach rechts lohnt, wo eine Badewanne dem Raum einen weißen Farbtupfer verleiht.

Nachdem man die mittleren Aufbauten dann wieder verlassen hat, fällt der Blick auf den umgestürzten Schornstein, an dem einstmals eine wunderschön anzusehende Kupferpfeife befestigt war. Beim Versuch, diese gewaltsam zu entfernen, gab das alte Material nach und der komplette Schornstein stürzte um. So vermutet es zumindest der englische Autor Ned Middleton in seinem Buch „Schlafende Schiffe", der diesen Vorgang als „barbarische Kombination aus Habgier und Vandalismus" bezeichnet. Erfreuliches gibt es dann wieder im Bereich der Brücke zu sehen: Der alte Schiffstresor liegt auf dem Boden – leider leer – und die Bullaugen haben zum größten Teil noch ihre Einfassungen aus Messing. Wenn man manchmal dennoch kaum etwas sieht, liegt das an den Millionen von Glasfischen, die die Brücke und die seitlichen Gangways zu ihrem Zuhause gemacht haben. Wo Beute ist, da sind auch Jäger: Gerade in den späteren Nachmittagsstunden schießen Makrelen durch das Blau, denen oftmals ganze Schwärme von Thunfischen folgen.

Unmerklich fällt das Wrack tiefer ab, je weiter man sich in Richtung des Bugs bewegt. Während das hintere Deck in 35 Meter Tiefe liegt, zeigt der Computer vorne bereits 39 Meter an. Die gleiche Tiefendifferenz findet man auch auf dem Grund, der im Heckbereich 48 Meter und am Bug 52 Meter tief liegt. Wer das Ende des vorderen Decks erreicht hat, sollte ruhig mal ein paar Meter über dieses hinaustauchen, bevor er sich umdreht: Aus dieser Perspektive wirkt die *Rosalie Moller* wie ein Geisterschiff, welches eine verblüffende Ähnlichkeit mit den Aufnahmen der versunkenen *Titanic* aufweist – der steile und spitze Bug, die filigrane Reling, die runden Ankerklüsen.

Sollte das Safarischiff im vorderen Bereich festgemacht haben, dient der Mast zwischen den ersten beiden Laderäumen als Referenz für den Ab- und Aufstieg. Er ist schon für sich betrachtet eine Schau: Über und über bewachsen streckt er sich durch das tiefe Blau der Sonne entgegen. Sein „Krähennest" ist vollständig erhalten, ebenso Teile der dazugehörigen Leiter, an der Hartkorallen jeden Zentimeter des Stahls bedecken. An seinem oberen Ende in 17 Meter Tiefe findet sich immer noch das Positionslicht, eingebettet in einen Kranz aus Weichkorallen, der das Ende des eigentlichen Tauchganges einläutet. Selbst die Tiefenstopps haben an der *Rosalie Moller* noch ihren Reiz – wo sonst kann man besser das eben Erlebte reflektieren?

NICHTS FÜR JEDERMANN: DAS INNERE

Dieser Tauchgang hat mit dem normalen Sporttaucherbereich nur noch wenig gemeinsam. Wer plant, das Schiff ausgiebig zu penetrieren, sollte zwingend über eine dementsprechende Ausbildung und Erfahrung verfügen; normale Urlaubstaucher sind besser beraten, sich das Wrack lediglich von außen zu betrachten. Alleine dort gibt es schon mehr zu sehen, als im Rahmen der auf einer normalen Safari hierfür veranschlagten Tauchgänge zu bewerkstelligen ist. Für den Trip in die Unterwelt jedoch sind ein paar Vorbereitungen sinnvoll: Eine 15er Flasche darf es schon sein, idealer Weise gefüllt mit einem Nitrox 26er Gemisch – das passt ideal für rund 45 Meter Tauchtiefe und erhöht die Nullzeit im Verhältnis zu Pressluft ganz erheblich. Wenn dann unter dem Safariboot noch zusätzliche Flaschen mit erhöhtem Sauerstoffanteil hängen, aus der die Taucher versorgt werden können, ist man dem Optimalfall schon recht nahe gekommen: Alles andere wäre mit einem enormen logistischen Aufwand verbunden, den die meisten Safaribetreiber nicht leisten können und der für einen derartigen Tauchgang auch nicht zwingend notwendig ist.

Es ist der beste Weg in das Innere der *Rosalie Moller*: Die eingestürzten Oberlichter zwischen mittleren Aufbauten und drittem Laderaum. Der Zugang ist weit und hell, häufig jedoch ist die Sicht nach unten durch die zahlreichen Rotfeuer- und Glasfische fast versperrt, an denen man sich erst einmal langsam vorbei schleichen muss. Dann jedoch fällt der Blick sofort auf die Dreizylinder-Dampfmaschine mit ihren imposanten Kesseln, ein prächtiges Stück Industriegeschichte aus dem frühen 20. Jahrhundert. Die Taucher lassen sich nun an der Backbordseite der Maschine nach unten sinken, bis sie einen Laufrost erreichen, der tiefer in das Innere führt. Ab jetzt wird es dunkel und eng, Sediment hat sich abgesetzt, das durch einen einzigen falschen Flossenschlag den Nachfolgenden die Sicht nimmt. Nach wenigen Metern folgt rechter Hand eine Treppe, die noch tiefer nach unten führt und auf einem weiteren Laufrost endet. Zwischen diesem und der Backbordwand des Schiffes liegen mehrere Räume, von denen jeder einzelne vollkommen unberührt wirkt: Hier findet man alte Anzeigen hinter blind gewordenem Glas, Kipphebel und Schalter an einer Tafel, die wie aus einem Museum entsprungen wirkt. Daneben dann ein Werkraum mit Werkbank, halb geöffneten Schubladen, Schraubenziehern und Maulschlüsseln an der Wand, über den sich feines Sediment wie ein schützender Bezug gelegt hat.

Am Ende des Laufrostes kann man in Richtung der Schiffsmitte in einen größeren Raum abbiegen, der den Sockel der Maschine

beherbergt und von dem aus wiederum kleine Räume abzweigen. Der erste Blick fällt auf einen Maschinentelegrafen, der wie ein kleines Steuerrad aussieht und durch die Jahre komplett verkrustet ist. Wellentunnel, ein Ersatzteillager, die von der Decke wegstehenden Handräder und Ventile – ein Abstieg in das Innere der *Rosalie Moller* ist auch immer ein Abstieg in eine andere Zeit, eine Zeitreise in die Dunkelheit, der nur das Licht der Taucherlampen die verborgenen Details entreißen können. Langsam und vorsichtig umrundet man den Motorblock, ab und zu sieht man Reste von Führungsleinen, die vorangegangene Tauchgruppen hier verlegten. Verlassen sollte man sich nicht auf sie, zu oft sind sie gerissen, führen ins Nichts. Solange man den Kontakt zum Motorblock nicht verliert und diesen umkreist, wird man zwangsläufig wieder an die Stelle gelangen, wo durch die Lattenroste ein wenig Licht von oben einfällt. Auf zur Sonne, auf zum Leben. Irgendwie fühle ich mich bei jedem Ausstieg aus dem Wrack, als wäre ich neu geboren: Und hoffe dabei, dass die *„Rosalie"* uns Tauchern noch lange erhalten bleibt!

 FAKTEN ZUM TAUCHGANG

Minimale Tiefe: 33 Meter	**Unbedingt anschauen:**
Maximale Tiefe: 52 Meter	Bewuchs, Kombüse,
Strömung: Zeitweise	Maschinenraum,
Für Anfänger geeignet: Nein	Aufbauten, Heck

DAS WRACK DER
CHRISOULA K

Wer zum Shaab Abu Nuhas fährt, der will vor allem eines: Altmetall, Altmetall, Altmetall. Das Riff ist das letzte Hindernis für die aus dem Suezkanal kommenden Schiffe, bevor sie das offene Rote Meer erreichen. Vier Wracks liegen dort für Sporttaucher wie auf dem Präsentierteller, alle in Maximaltiefen zwischen 24 und 31 Metern – geradezu ideal für ausgedehnte Tauchgänge mit Nitrox. Von West nach Ost sind dies die *Ghiannis D*, dann die *Carnatic*, gefolgt von der *Chrisoula K* und der *Kimon M*. Und gerade die *Chrisoula K* hat alles, was ein gutes Wrack braucht: Bereiche für Anfänger und Erfahrene, eine gut erhaltene Ladung und viele interessante Details in den Innenräumen.

1954 in Lübeck als *Dora Oldendorff* vom Stapel gelaufen, war der mittelgroße Stückgutfrachter ein typisches Kind seiner Zeit: 101 Meter lang, 14,8 Meter breit, mit einer Verdrängung von 3.807 Tonnen und mittschiffs platzierten Aufbauten. Der Schiffsdiesel mit 2.700PS verhalf dem Frachter zu einer Höchstgeschwindigkeit von gut zwölf Knoten – ein robustes, zuverlässiges und vielseitig einsetzbares Arbeitspferd. Gut 17 Jahre lang war sie anschließend für die Reederei E.L. Oldenburg unterwegs, bevor das Schiff 1970 an eine griechische Reederei verkauft wurde, die es auf *Anna B* umtaufte. Einen Besitzerwechsel später erhielt sie dann den Namen, der ihr letzter werden sollte und unter dem sie Tauchern heute bekannt ist: *Chrisoula K*.

Ihre letzte Fahrt begann im August 1981, als sie sich unter dem Kommando von Kapitän Theodorus Kanellis auf dem Weg von einem italienischen Hafen nach Jeddah in Saudi Arabien machte. Beladen mit billigen Bodenfliesen (Terrazzoplatten), hatte die

Chrisoula K gerade den Golf von Suez passiert, als sie je nach Quelle am 30. oder 31. August 1981 in voller Fahrt mit dem nordöstlichen Teil des Shaab Abu Nuhas kollidierte. Der Kapitän befand sich zu der Zeit bereits in seiner Kabine, die Brücke hatte er einem Untergebenen überlassen. Wie so viele vor und nach ihm glaubte er, die gefährlichen Hindernisse schon hinter sich gelassen und das offene Meer vor sich zu haben. Der Frachter wurde, noch auf dem Riff liegend, von seiner Besatzung aufgegeben und von der Reederei als Totalverlust abgeschrieben. Erst Wochen später rutschte die *Chrisoula K* in die Tiefe ab, ihr Bug blieb gar noch Jahre lang auf dem Riffdach liegen. Und obwohl die Identifizierung der *Chrisoula K* (genau wie die der drei anderen Wracks bei Abu Nuhas) unter Experten als gesichert gilt, schwirren vielen Tauchern noch andere Namen durch den Kopf: *Seastar, Marcus* oder *Marcos*, die *Olden*. Die Gründe dafür sind vielfältig: Zum einen gibt es ein Bugstück, welches keinem der vier bekannten Wracks zugerechnet werden kann und welches immer wieder für Spekulationen sorgt. Zum anderen sind es einfach Verwechslungen oder – ganz banal – auch reine Lügengeschichten. Die *Chrisoula K* hieß früher *Dora Oldendorff*, das davon übriggebliebene *Olden* ist immer noch an ihrem Rumpf zu lesen. Oder die *Seastar*: Der Name war schlicht und einfach die Erfindung eines großen deutschen Tauchmagazins; ein havariertes Schiff mit diesem Namen hat es im Roten Meer nie gegeben. So spannend die Theorien über ein fünftes oder gar sechstes Wrack bei Abu Nuhas also auch sein mögen: gefunden hat es bislang noch niemand.

TAUCHEN AN DER CHRISOULA K

Meist ankern die Safarischiffe im Südwesten des Shaab Abu Nuhas, von wo aus Tauchergruppen mit Schlauchbooten zu den jeweiligen Wracks gebracht und direkt über den Schiffsrelikten ins Wasser gelassen werden. Unter der Oberfläche wendet man sich am besten direkt dem Heckbereich des Frachters zu, wo sich in 27 Meter Tiefe mit Propeller und Ruderblatt auch die tiefste Stelle der *Chrisoula K* befindet. Das komplette Heck liegt um annähernd 90 Grad zu seiner Steuerbordseite hin verdreht, der Rest des Schiffes dagegen steht fast aufrecht. Reling, Winschen, Davids und Poller sind gut erhalten, Steinkorallen haben das Achterdeck weitflächig in Besitz genommen. Direkt vor den hinteren Aufbauten ist auch ein Ersatzpropeller befestigt, der trotz seiner Dimensionen immer wieder gern übersehen wird. Wenn man von hier aus ein Stück weiter in Richtung Bug taucht, erreicht man den hintersten Laderaum, der mit seiner riesigen Öffnung auch für weniger erfahrene Taucher ein lohnenswertes Ziel darstellt. Hier sieht es aus wie in einem Baumarkt nach einem Erdbeben, überall liegen verstreute Pakete aus Bodenfliesen herum, an denen immer noch „Made in Italy" zu erkennen ist. Dieser Bereich gibt schon einen guten Eindruck von dem wieder, was Wracktauchen eigentlich ausmacht. Rostiger Stahl, Lichtspiele der Sonnenstrahlen, dazwischen Teile einer Ladung, die auch dem tausendsten Taucher immer noch die Hoffnung einer bislang völlig neuen und spektakulären Entdeckung vermitteln.

Kurz vor den Aufbauten verlässt man den Laderaum wieder und kann nun einen Blick auf den abgebrochenen Schornstein werfen, der an der Steuerbordseite auf Grund liegt. Auch der hintere Mast gibt ein erstklassiges Fotomotiv ab; parallel zum Meeresboden ragt er abgeknickt weit über das Deck hinaus, Korallen haben ihn fast vollständig in Besitz genommen, auf seiner Spitze hat sich eine Muschel breitgemacht. Trotz der interessanten Schiffsruine lohnen kurze Blicke hinüber zum Riff, wo sich oftmals ein kapitaler Napoleon-Lippfisch herumtreibt und Wimpelfische dem Szenario Farbe verleihen. Vorbei an der Brücke, die von den Elementen fast bis zur Unkenntlichkeit zerstört wurde, kommt man an den vorderen Bereich der *Chrisoula K*, wo ein zweiter Mast mit seinen Ladebäumen zu erkennen ist. An dieser Stelle ist das Hauptdeck eingestürzt, lediglich das Zwischendeck steht noch, es wirkt wie ein Knick im Rumpf, hinter dem sich ein weiterer Laderaum anschließt. Links und rechts des Wracks erstreckt sich ein Trümmerfeld, welches auch große Teile des nun steil ansteigenden Riffes bedeckt. Oftmals hat sich die Natur dabei die Bruchstücke wieder einverleibt, sind diese untrennbar mit der Riffstruktur verwachsen. Besonders auffällig ist der Bewuchs von Hartkorallen sowie der Fischreichtum in diesem Gebiet: Neben allerlei Schwarmfisch lassen sich hier auch kapitale Muränen sichten, die mit ihren Köpfen aus den zahlreichen Spalten hinaus schauen. Das Wrack selber gibt nun nicht mehr viel her – im Bereich des Vorschiffes ist es mehr das Riffleben, welches die Taucher bei Laune hält.

ZIEMLICH ENG:
DER MASCHINENRAUM

Passionierte Wracktaucher lassen das eigentliche Wrack häufig links liegen; zu interessant erscheinen ihnen die Bereiche, in denen das Sonnenlicht durch Abwesenheit glänzt. Auch bei der *Chrisoula K* finden sich die meisten Details im Verborgenen, ist ein Abstieg in die Kraftzentrale des Schiffes noch immer lohnenswert. Auch, wenn vieles schon demontiert oder geplündert wurde: Zu entdecken gibt es mehr als genug. Der Weg in den dunklen Bauch des Frachters beginnt am besten im Bereich der zerstörten Brücke, von wo aus sowohl eine Öffnung oberhalb des Maschinenraums wie auch eingestürzte Laufroste auf der Backbordseite tiefer hinab führen. Wer hier hin will, sollte – wie bei jedem Wrack – neben einer lichtstarken Hauptlampe auch ein sogenanntes „Back-up-Light" mit sich führen. Bewährt haben sich dabei LED-Lampen, beispielsweise von *Halcyon*, *Tilly-Tec* oder *Heser*, die gemessen an ihrer Größe eine gute Leuchtkraft und lange Betriebszeiten bieten. Anders als bei den Laderäumen, die auch für Anfänger gut geeignet sind, sollten Taucher dabei über eine dementsprechende Erfahrung und Ausbildung verfügen: Formal betrachtet liegt ein solcher Tauchgang außerhalb dessen, was man allgemein als „Sporttauchen" bezeichnet.

Wer den Einstieg über den Laufrost gewählt hat, erreicht als erstes das Zwischendeck. Besonders interessant in diesem Bereich ist die ehemalige Werkstatt, in der eine große Standbohrmaschine, Sicherungskästen sowie eine imposante Werkbank prächtige Blickfänge abgeben. Unmittelbar gegenüber befindet sich eine Tür, hinter der eine Öffnung tiefer hinab führt. Dem Gang weiter in Richtung des Achterschiffs folgend, stößt man dann auf einen Wellentunnel, durch den der mittschiffs befindliche Antrieb der *Chrisoula K* mit dem Propeller verbunden ist.

Ein Eindringen lohnt nicht: Es ist eng dort und außer der Welle gibt es nichts zu sehen. Besser ist es, unmittelbar zuvor auf der linken Seite den Stufen zu folgen, die in den untersten Teil des Maschinenraumes führen. Rechter Hand kommt man zuerst an einem Regal vorbei, in dem immer noch Kabel und Dichtungen liegen, bevor man geradeaus auf eine Schalttafel zu taucht, die mit deutschen und griechischen Buchstaben beschriftet ist. Stiefel, die vereinzelt um den Motorenblock herum liegen, lassen die Geschichte des Schiffes wieder lebendig werden und zeigen, dass auch diese tausenden Tonnen Stahl einst von Leben erfüllt waren. Nach der Umrundung des Motorblocks kann man dann durch die große Öffnung wieder ins Freie steigen; hinauf zum nächsten Abenteuer, zum nächsten Wrack.

 FAKTEN ZUM TAUCHGANG

Minimale Tiefe: 2 Meter
Maximale Tiefe: 27 Meter
Strömung: Selten und wenn, dann nur schwach ausgeprägt

Für Anfänger geeignet: Ja
Unbedingt anschauen:
Bewuchs, Laderäume, Heck, Maschinenraum

DAS WRACK DER
CARNATIC

Unter den vier Wracks bei Abu Nuhas nimmt die *Carnatic* eine Sonderstellung ein. Sie ist das historisch interessante Schiff dort, entstammt einer anderen Periode, wurde gebaut in der Übergangszeit zwischen Segel- und Dampfschiff und hat alles, was man für eine spannende Geschichte braucht: Einen dramatischen Untergang, menschliches Leid und eine Legende über einen versunkenen Schatz an Bord. Erst, wer sich mit der Historie dieses Schiffes ausgiebig befasst hat, wird den Tauchgang dort in all seinen Facetten richtig genießen und würdigen können.

Es ist ein heißer August im Jahre 1869, in dem die Passagiere an Bord der *Pera* von London nach Bombay reisen. Ihr erstes Ziel, Alexandria, liegt vor ihnen an der ägyptischen Mittelmeerküste. Den Männern, Frauen und Kindern steht nach der Ankunft dort noch ein mühseliger, 300 Kilometer langer Transport über Land bevor, bis sie im Hafen von Suez das Schiff für die Weiterreise nach Indien besteigen können – die *Carnatic*. Noch ist der Suezkanal nicht eröffnet, müssen die Seepassagen in zwei Etappen absolviert werden. Kurz, bevor die *Pera* Alexandria erreicht, durchläuft ein Zittern den Rumpf, als das Schiff wegen eines Navigationsfehlers auf Grund läuft. Drei Stunden sitzen die Indienreisenden fest, dann kommt die Flut und die *Pera* kann ihre Fahrt fortsetzen. Der Zwischenfall ändert nichts an der guten Laune, ist nicht mehr als der Aufhänger für eine gelungene Anekdote, die man später zum Nachmittagstee erzählen kann. Dass ihnen das Schlimmste noch bevorsteht, ahnt zu diesem Zeitpunkt niemand an Bord.

Der August und September sind keine guten Monate, um Ägypten über Land zu bereisen: Heiß ist es, die Sonne brennt, der Schweiß tropft aus jeder Pore. Doch dann liegt sie vor ihnen, im Hafen von Suez, die *Carnatic*, der Stolz der *Peninsula&Oriental Company*, kurz *P&O*. Ein rahgetakelter Segler, rund 90 Meter lang und knapp zwölf Meter breit, mit einer Verdrängung von 2014 Tonnen. Es ist die Glanzzeit des Britischen Empires, die Industrielle Revolution hat Techniken hervorgebracht, von denen man bislang kaum zu träumen wagte. Auch die 1863 gebaute *Carnatic* gehört mit ihrem Eisengerüst und der Vierzylinder-Dampfmaschine dazu, die mächtige 2442 Pferdestärken leistet und den Passagierdampfer bis zu zwölf Knoten schnell werden lässt. Gemeinsam mit den 34 Passagieren kommt jede Menge Fracht an Bord: Baumwollballen werden verladen, wertvolle Kupferbleche verstaut, die Post gebündelt und 40.000 Pfund Sterling in unfertigem Hartgeld verpackt – nach heutigem Wert eine Ladung von mehreren Millionen Euro. Als Kapitän Jones am 12. September 1869 gegen zehn Uhr endlich „Leinen los" befiehlt, erscheinen Mühsal und Anstrengungen der bisherigen Reise wie weggewischt, abgelöst durch die Aussicht auf ferne Länder, Tropenträume und ein nicht zu besiegendes „Rule, Britannia!".

Die Rahsegel aufgezogen, den kräftigen Nordwind im Rücken, gleitet die *Carnatic* mit acht Knoten dem Süden und ihrem Untergang entgegen. Ihr schnittiger Bug mit der prächtigen Gallionsfigur durchschneidet das Rote Meer, die Passagiere genießen ihre Drinks, dann kommt die Nacht und mit ihr der Aufprall. Gegen 1:20 Uhr kollidiert der Stolz der P&O-Flotte mit dem Shaab Abu Nuhas, größere Schäden sind vorerst nicht zu entdecken. Auch am nächsten Morgen sieht Kapitän Jones nichts, was ihm wirklich Sorge bereitet – ein wenig Wassereinbruch, mit dem die Pumpen an Bord jedoch spielend fertig werden, scheint die einzige Beeinträchtigung zu sein. Man beschließt, auf dem Schiff zu bleiben und nicht auf die drei Meilen entfernte Insel Shedwan

überzusetzen, auf der es kein Wasser, geschweige denn Strom gibt. Um die *Carnatic* vom Riff weg zu bekommen, werden die Baumwollballen über Bord geworfen; das Schiff soll leichter werden. Spätestens die *Sumatra*, die zur selben Linie gehört und gerade auf dem Weg nach Suez ist, soll die *Carnatic* aus ihrer misslichen Lage befreien und die Passagiere aufnehmen – so zumindest lautet der Plan. Als das ersehnte Schiff jedoch bis zum Abend nicht erscheint, macht sich unter den Passagieren, die ja schon auf der *Pera* einen ähnlichen Zwischenfall verdauen mussten, langsam Unmut breit. Man wägt ab, ob Shedwan nicht doch die sicherere Alternative sei. Letztendlich kann sich der Kapitän und der Glaube an die englische Schiffsbaukunst aber durchsetzen: „Rule, Britannia!", was soll schon passieren? Doch im Verborgenen beginnt die *Carnatic* durch die permanenten Bewegungen auf dem Riffdach langsam zu ermüden. Die See wird immer rauer, Gischt zeigt sich auf den Wellenkämmen. Gerade, als Kapitän Jones dann doch die ersten Passagiere in die

Rettungsboote setzen will, passiert es. Dem einst so stolzen Segler wird das Rückgrat gebrochen, das Heck sinkt in die Tiefe und reißt die ersten Opfer mit sich. Je nach Quelle wird man später von insgesamt 27 bis 31 Toten sprechen.

In London sorgt die Nachricht vom Untergang derweil für Panik. Neben den zu beklagenden Opfern steht bei dem Versicherer Lloyds vor allen Dingen die wertvolle Ladung im Vordergrund, insbesondere die Goldmünzen, die später von englischen Helmtauchern mühselig geborgen werden. Wirklich alle Münzen? Seitdem das Wrack 1984 von Sporttauchern wiederentdeckt wurde, wollen die Gerüchte nicht verstummen, dass immer noch vereinzelte Münzen auf einen neuen Besitzer warten. Und ob dies nun stimmt oder nicht: Die Carnatic ist und bleibt eines der historisch interessantesten Wracks im Roten Meer.

TAUCHEN AN DER CARNATIC

Parallel zum Riff in Tiefen zwischen 18 und 25 Metern auf der Backbordseite liegend, hat die Carnatic von der Stimmung her nichts mit den anderen Wracks an Shaab Abu Nuhas gemeinsam. Sie ist ein Fossil, bei dem nicht Maschinenraum oder die verbliebene Ladung im Vordergrund stehen, sondern das stählerne Gerippe einer Zeitikone, dessen hölzerne Beplankung schon lange vermodert ist. Obwohl beim Untergang zerbrochen, liegen Bug- und Hecksektion jetzt wieder beisammen, verbunden durch die Trümmerspur des mittleren Schiffsabschnitts, und vermitteln einen guten Gesamteindruck über das Wrack eines Schiffes aus der Mitte des 19. Jahrhunderts.

Am besten nähert man sich der Carnatic im Heckbereich und aus einiger Entfernung. Wie sie da liegt, mit den Resten der hohen Reling, mit ihren quadratischen Fenstern im überhängenden, wunderschön geschwungenen Heck, erweckt sie sofort Assoziationen an die großen Segelschiffen der Geschichte, mit der *Endeavour* von James Cook, mit Admiral Nelsons *HMS Victory* oder mit der *Golden Hinde* von Sir Francis Drake. Zumindest, wenn man ein wenig Fantasie hat und in der Lage ist, sich den riesigen, dreiflügeligen Propeller vor dem geistigen Auge wegzudenken. Von dort aus taucht man auf das Achterdeck herauf und anschließend direkt in die *Carnatic* hinein, wo man sich von der vorherrschenden Atmosphäre gefangen nehmen lassen kann. Wie Rippen wirken die Spanten des Schiffes, das Sonnenlicht greift mit leuchtenden Fingern in fast jeden Winkel, alles ist über und über mit Korallen bedeckt. Mittschiffs nehmen die Zerstörungen dann zu, bis man inmitten des Trümmerfeldes die Reste der Dampfmaschine entdeckt. Viele Fischarten tummeln sich um sie herum, Anthias-barsche und Wimpelfische, dazu findet man auf den Trümmern immer wieder Pyjama-Nacktschnecken, Blaupunktrochen und Drachenköpfe. Im vorderen Bereich ist dann wieder mehr von der Struktur der *Carnatic* zu entdecken; Davids, die einst die Rettungsboote hielten, stehen seitwärts vom Schiff ab. Am Bug selber sollte man vor dem Aufstieg unbedingt noch einen Blick auf die Halterung des Bugspriets mit dem großen, kupfernen Ring werfen, unter dem sich einst die Gallionsfigur befand. Wie so vieles an der *Carnatic* ist diese im Salzwasser mittlerweile verrottet – die Geschichte der *Carnatic* dagegen fesselt bis zum heutigen Tag.

ℹ FAKTEN ZUM TAUCHGANG

Minimale Tiefe: 18 Meter	**Für Anfänger geeignet:** Ja
Maximale Tiefe: 25 Meter	**Unbedingt anschauen:**
Strömung: Wenig	Struktur, Heck

TAUCHSATIRE: ROSWITHA PART I

NIEDER MIT DER TOLERANZ

Toleranz – kaum ein anderes Wort ist im deutschen Sprachgebrauch ähnlich positiv besetzt. Toleranz ist super, bewundernswert, erstrebenswert, das Wort beinhaltet Aufgeschlossenheit und Verständnis. Eine Geste der Großzügigkeit. So ein Mist.

Toleranz ist nichts anderes als schön verkleidete Charakterlosigkeit, die bei zu großem Vorkommen die Grenzen der Lächerlichkeit überschreitet. Wir tolerieren uns zu Tode. Ob in Bekanntschaftsanzeigen oder persönlichen Gesprächen: Manche Gutmenschen tragen die universelle Bezeichnung „tolerantes Wesen" wie eine Auszeichnung mit sich rum. Kann man gleichzeitig Schwule und Schwulenhasser tolerieren? Sehen Sie, da fangen die Probleme bereits an.

Oder nehmen wir ein x-beliebiges Tauchsafariboot. Schön gemischt mit Anfängern und Fortgeschrittenen. Natürlich werden die Level der Tauchgänge an den Schwächsten festgemacht, wofür die Erfahrenen dann bitte „Toleranz und Verständnis" zeigen sollen: Schneckenschubsen auf Sandboden statt Strömung am Außenriff. Wo bleibt da die Toleranz den erfahrenen Tauchern gegenüber, warum hat keiner das Rückgrat, der überforderten Roswitha zu sagen, dass sie auf einem Safariboot mit Panik in den Augen komplett fehl am Platze ist? Sehen Sie, da gehen die Probleme schon weiter.

Oder das erste Briefing – vorne sitzt der Tauchguide und beginnt einen endlosen Monolog: Das darf man nicht, jenes soll man nicht, darauf ist zu achten und Dekotauchgänge

will er schon gar nicht auf „seinem" Boot sehen. Anschließend beginnt er, mittels komischer Handzeichen, die zu erwartende Fischwelt darzustellen: „We can see the lionfish (Finger verschränkt und dann bewegen), the big baracuda (Arm ausstrecken und mit der Handkante abklopfen) and the small baracuda (gleiches Spiel mit dem Zeigefinger). And if we are lucky, we can see the manta (Diveguide breitet Arme aus und beginnt wie ein Irrer, damit zu wedeln)." Gepaart mit der ängstlichen Frage aus den hinteren Gästereihen „Gibt's da wirklich keine Strömung?", erinnert die ganze Nummer jetzt eher an den Ausflug eines Waldorf-Kindergartens ins Kasperletheater, denn an einen Abenteuertrip an eines der schönsten Tauchziele weltweit. Genau jetzt kommt der Moment, in dem ich mir wünsche, von Natur aus etwas toleranter zu sein. Bin ich aber nicht. Erst ärgere ich mich über den Guide, dann ärgere ich mich darüber, dass ich mich ärgere. Stimmt was nicht mit mir? Der Typ ist schleimig, hat keinen richtigen Plan und veranstaltet Kindergarten-Briefings: Also ein ganz normaler Diveguide, kein Grund für eine geschwollene

Halsschlagader. Die unerfahrene Gästeschar hat ihn jetzt schon ins Herz geschlossen, einzig ein paar Unverbesserliche verdrehen kurz die Augen. Kann ja eine nette Woche werden!

Big Brother, im Norden ein wenig Welle. Der Guide schildert drastisch die Gefahren, Roswitha jammert irgendwas von potentieller Strömung und dass sie da „auf keinen Fall hinwolle". Nur den Unverbesserlichen macht das nichts und als irgendjemanden dann in Richtung Roswitha ein „Musst du ja nicht, haben wir anderen mehr Ruhe" rausrutscht, ist es vorbei mit dem friedlichen Miteinander an Bord. Hat sich was mit Toleranz: Ab dem Moment rangieren wir bei Roswitha, Guide und Gefolgschaft irgendwo zwischen Vollidioten und Staatsfeind Nummer 1. Während sich Gruppe Eins (Staatsfeinde) also per Zodiak zur Brandung bringen lässt, will Gruppe Zwei (Roswitha, Guide und Fanclub) lieber vom Schiff aus tauchen, ganz klassisch: Erst gegen die Strömung, dann mit ihr zurück. Eine knappe Stunde später hat die sanfte Strömung die Staatsfeinde von der AIDA zum Safarischiff zurückgetragen, ein ganz entspannter Tauchgang. Roswitha hat den Teil gegen die Strömung irgendwann abgebrochen und wurde vom Guide am Händchen zur Oberfläche gebracht. Ich gebe es zu: Schadenfreude ist eine der reinsten Freuden! Natürlich setzt an Bord anschließend das große Jammern ein, so von wegen „unmögliche Bedingungen, bei denen man nicht entspannt Tauchen kann". Leider ist die Jammergruppe in der Überzahl. Für den Guide bietet sich nun die einmalige Chance, sein tolerantes Wesen der geneigten Gästeschar gegenüber zu präsentieren. „Wir können ja abstimmen, ob wir hier bleiben oder lieber zurück zur Küste fahren, wo wir relaxtere Bedingungen haben". Ich für meinen Teil würde viel lieber darüber abstimmen, ob man den Guide in der Bilge knebeln und festketten kann und Roswitha direkt dazu, befürchte aber, in dieser Gruppe nicht genügend Rückhalt zu finden.

Natürlich sind wir zur Küste zurückgekehrt, haben Verständnis und Toleranz geheuchelt und Tauchgänge absolviert, die man auch mit jeder Basis an Land machen kann.

Roswitha war glücklich und der Diveguide konnte sich bei den folgenden Briefings jede Tiefenregelung sparen – spätestens bei 25 Metern kam eh der Sandgrund. Nur mit den Armen hat er auch weiterhin gewedelt.

Kurzum: Die Unverbesserlichen buchen eine Tauchsafari, weil sie an Plätzen tauchen wollen, wo Tagesboote nicht hinkommen und haben gelernt, sich auf die Bedingungen einzustellen. Die Roswithas dieser Welt buchen eine Tauchsafari, weil das Essen lecker ist und man an Bord so herrlich entspannen kann. Da prallen Welten aufeinander – eher tanzt ein Taliban mit George „Dabbeljuh" Bush gemeinsam Tango, als dass man diese beiden Gruppen unter einen Hut bekommt. Und solange Toleranz nur darin besteht, zugunsten von irgendwelchen Roswithas auf das eigene Rückgrat zu verzichten, ist mir eine Zweiklassengesellschaft deutlich lieber, in der Gruppen mit gleichen Interessen diesen auch nachkommen können. Hat sich was mit Toleranz!

VERÖFFENTLICHT IN DIVEINSIDE, AUSGABE 12/08

DAS WRACK DER
GHIANNIS D

Als der zuletzt auf den Namen *Ghiannis D* getaufte Stückgutfrachter 1969 als *Shoyo Maru* in Japan vom Stapel lief, ähnelte sein Aufbau schon sehr dem eines modernen Schiffes: Anders als bei der *Kimon M* oder der *Chrisoula K* befanden sich Brückendeck und Maschinenraum nicht mehr mittschiffs, sondern im Heckbereich des Schiffes; beide Laderäume waren davor angebracht und verfügten über große Öffnungen, die das Verstauen von voluminösen Gütern leichter möglich machte. Das 2900 Tonnen schwere, 99,5 Meter lange und 16 Meter breite Schiff wurde 1980 an die *Dumarc Shipping and Trading Corporation* in Piräus

verkauft und auf dem Namen *Ghiannis D* umbenannt. Als Abkürzung für die Reederei brachte man das *D* auch als Logo auf dem Schornstein an, an dem es noch heute von Tauchern zu finden ist.

Drei Jahre später, im April 1983, wurde die *Ghiannis D* im kroatischen Hafen Rijeka zum letzten Mal beladen. Mächtige Holzstämme verschwinden in ihrem Inneren, zumeist Tropenhölzer, die für den Weitertransport in den Jemen bestimmt waren. Nachdem der Frachter wenige Tage später die Straße von Gubal durchquerte, folgte die schon von den anderen Schiffen bekannte

Kettenreaktion: Navigationsfehler, Kollision mit dem Shaab Abu Nuhas, Havarie. Ob es sich in diesem Fall um einen Versicherungsbetrug handelte? Zeitzeugen zumindest beschreiben, dass der Frachter kurz zuvor bei voller Fahrt hart den Kurs änderte und mit dem nordöstlichen Teil des Riffes kollidierte. Da bald klar war, dass der Untergang nicht mehr zu vermeiden ist, rettete sich die Besatzung auf die in Sichtweite gelegene Insel Shedwan, wo sie dann von einheimischen Booten aufgenommen wurde. Beim Untergang bricht die *Ghiannis D* in mehrere Teile auseinander und gibt damit auch ihre Ladung frei: Die Tropenhölzer werden mit der Strömung ebenfalls auf das rund drei Seemeilen entfernte Shedwan getrieben, wo sie strandeten und von Einheimischen aufgesammelt wurden: Entweder, um die offiziell ausgesetzte Bergungsprämie zu kassieren oder um die wertvollen Hölzer anschließend unter der Hand weiter zu verkaufen. Ältere Taucher können sich sicher noch gut an die Safariboote *Somaya* von Rudi Kneip erinnern: Deren Rumpf bestand zum großen Teil aus Hölzern, die einst auf der *Ghiannis D* transportiert wurden.

TAUCHEN AN DER GHIANNIS D

Kaum ein Wrack in Ägypten ist besser geeignet als die *Ghiannis D*, um auch von weniger erfahrenen Tauchern ausgiebig erkundet zu werden. Dies gilt auch für ihr Innenleben: Ihre Aufbauten bis hin zum Maschinenraum sind großflächig und wirken komplett leergeräumt, ein Verheddern ist kaum möglich, von überall dringt Licht herein und der nächste Ausgang ist nie sonderlich weit entfernt.

Nach dem Abstieg vom Zodiac aus kann man sich also bedenkenlos dem Heckbereich widmen, an dem die Zerstörungen auch am geringsten ausfallen und der in maximal 27 Meter Tiefe zur Backbordseite geneigt liegt. Hier umkreist man Ruderblatt und Propeller, der zum Großteil frei sichtbar liegt und folgt nun der Backbordseite in Richtung Bug. Direkt an der Schnittstelle taucht man in den ersten Gang hinein: Alles ist weitflächig, einzig die Schräglage von knapp 50 Grad kann das Gehirn leicht verwirren. Der Gleichgewichtssinn meldet „alles in Ordnung", das Auge jedoch „du tauchst schief" – reine Gewöhnungssache.

Durch die erste größere Luke erreicht man den oberen Bereich des Maschinenraumes und sieht unter sich die großen Ventile mit ihren Ventilfedern, über denen die riesigen Kipphebel sitzen. Sediment gibt es kaum, man kann sich die Kraftzentrale in aller Gemütsruhe ausgiebig anschauen – zumindest so lange, bis nachfolgende Gruppen hinter einem das Drängeln beginnen. Wie man von hier aus weitertaucht, welchem Gang man folgt, ist eigentlich egal. Überall geht es wieder raus, wirkt das Zusammenspiel aus Licht und Schatten im Bauch des Schiffes wie eine Märchenwelt, die allerdings mit keinerlei Details mehr aufwarten kann: Was man an einem Wrack demontieren und plündern kann, wurde auch demontiert und geplündert. Die *Ghiannis D* ist, bis auf den Maschinenraum, ein leeres Gerippe.

Nach dem Verlassen des Schiffsinneren lohnt ein Abstecher auf das Deck des Hecks, wo eine große Winde sowie viele Treppen und Seilrollen gute Fotomotive abgeben. Vorbei an dem imposanten Schornstein geht es nun weiter in Richtung der Brücke, die ebenfalls problemlos zu betauchen ist und durch deren Fenster ständig Sonnenlicht einfällt. Unmittelbar davor befindet sich dann der riesige Ladebaum, geformt wie ein umgedrehtes U, der mittlerweile fast so etwas wie das Wahrzeichen des Wracks geworden ist, bevor man dann das Trümmerfeld erreicht, welches die mittlere Schiffssektion darstellt. Alles ist zerschmettert: Die Leitungen, die Abdeckungen, die einst so robuste Bordwand. Nur ein riesiger Napoleonfisch findet diesen Bereich anscheinend unwiderstehlich; zumindest ist er hier mit an Sicherheit grenzender Wahrscheinlichkeit anzutreffen. Netter anzuschauen ist dann erst wieder der Bugbereich, der in Tiefen zwischen acht und 18 Metern liegt und Fotografen jede Menge Motive bietet: Insbesondere der nach Backbord geneigte und üppig bewachsene Lademast, dessen Spitze ins offene Meer zeigt, ist einen separaten Abstecher wert. Doch zuviel Zeit sollte man hier nicht verbringen und den übrig gebliebenen Luftvorrat lieber dazu nutzen, um mit dem Riff an der linken Schulter wieder zurück in Richtung des ankernden Safaribootes zu tauchen. Auch, wenn dieses von der

Qualität her nur mittelmäßig ist, hat es oftmals Highlights der besonderen Art zu bieten: Gruppen von Delfinen, die den Kanal zwischen Abu Nuhas und einem großen Erg auf der Westseite regelmäßig als Spielplatz benutzen.

 FAKTEN ZUM TAUCHGANG

Minimale Tiefe: 4 Meter
Maximale Tiefe: 27 Meter
Strömung: Zeitweise
Für Anfänger geeignet: Ja

Unbedingt anschauen:
Heck, Maschinenraum,
Lademast

DAS WRACK DER
KIMON M

Sie liegt knapp 80 Meter von der *Chrisoula K* entfernt, erfreut sich aber unter Tauchern bei weitem nicht deren Beliebtheit: Die 1953 bei den Kieler Howaldtswerken als *Brunsbüttel* vom Stapel gelaufene *Kimon M*. Beide Schiffe entsprechen dem typischen Bild eines mittelgroßen Frachters der 50er Jahre: Schräger Bugsteven, gut 100 Meter Länge, die Brückenaufbauten mittschiffs, davor und dahinter Laderäume und ein großer Lademast.

Es waren keine schönen Schiffe, keine eleganten Linien, die ihre Optik prägten – sondern robuste und hochseetaugliche Arbeitsgeräte, die über Jahrzehnte hinweg zuverlässig ihren Dienst verrichteten.

Die letzte Fahrt der *Kimon M* begann im türkischen Hafen Iskenderum, irgendwann im Dezember 1978. Das 106 Meter lange und knapp 15 Meter breite Schiff wurde mit 4500 Tonnen Linsen beladen, die es dann auf einer langen Fahrt bis ins indische Bombay bringen sollte. Gut zwei Tage nach ihrer Abfahrt erreichte die *Kimon M* Port Said, anschließend stand noch die Durchfahrt durch den Suezkanal an, bevor es durch das Rote Meer bis in den Indischen Ozean weitergehen sollte: Ein Ziel, an dem der Frachter niemals ankam. Wie so vielen Schiffen vor und nach ihm wurde auch der *Kimon M* das Shaab Abu Nuhas zum Verhängnis, jenes letzte Hindernis auf See, bevor die aus Suez kommenden Schiffe das offene Rote Meer erreichten. Die Kollision fand mit voller Fahrt voraus statt und schnell stand fest, dass der Frachter nicht mehr zu retten ist; er drohte, über das Heck abzurutschen, die Innenräume füllten sich schnell mit salzigem Meerwasser. Der Besatzung gelang es dennoch, einen Notruf abzusetzen, der die *Interasja* zur Hilfe holte, die anschließend die komplette Crew zurück nach Suez brachte. In den folgenden Tagen begannen Wind und Wellen das Wrack auf seine Steuerbordseite zu drehen, so lange, bis es auseinanderbrach und in der Tiefe versank. So übel der Verlust für die Reederei auch gewesen sein mag, für die schuppigen Riffbewohner an Abu Nuhas war es ein Festtag: Wann bekommt man schon mal so viele Linsen auf einem Haufen serviert?

Dass sich die *Kimon M* jedoch nicht derselben Beliebtheit wie die *Chrisoula K* erfreut, hat mehrere Gründe. Zum einen wäre da die Position zu nennen, in der sie mit dem Riff kollidierte und sank. Unweit der nordöstlichsten Stelle des Shaab Abu Nuhas gelegen, ist die *Kimon M* das von den ankernden Safarischiffen aus gesehen am weitesten entfernte Wrack, dazu jenes, welches der Brandung am stärksten ausgesetzt ist: Oftmals machen Wind und Welle eine Anfahrt mit dem Zodiac nahezu unmöglich.

Auch ihre Lage auf dem Meeresgrund erscheint vielen Tauchern als kritisch: Die *Kimon M* liegt komplett auf der Steuerbordseite und wirkt damit im Ganzen recht instabil, ein Eindruck, der auch von den lauten Knirschgeräuschen unterstützt wird, die der Frachter oftmals von sich gibt. Ferner gibt auch die Ladung nicht allzu viel her; sie ist schlichtweg nicht mehr vorhanden. Doch trotz all dieser Punkte lohnt ein Abstieg zu dem Frachter: Sofern man bei der Anfahrt und dem Tauchgang Vorsicht walten lässt.

TAUCHEN AN DER KIMON M

Die *M/Y Firebird*, ein Safarischiff der guten Mittelklasse, liegt ruhig und geschützt an ihrem südwestlichen Ankerplatz bei Abu Nuhas. Ganz anders ist das Bild an Bord des Zodiacs, welches sich mehrere hundert Meter entfernt bis zur Absprungstelle über der *Kimon M* vorgekämpft hat: Hoch steht die Brandung an der Riffbarriere, Gischt liegt in der Luft. Der ägyptische Fahrer lässt die Taucher ein Stück vom Riffdach entfernt ins Wasser, in acht Meter Tiefe treffen sie sich: Punktlandung, direkt über dem Heck der *Kimon M*, welches mit 31 Meter Tiefe auch den untersten Teil des Wracks markiert. Von hier aus geht es weiter zu Ruderblatt und Schiffspropeller, beides schöne Fotomotive, bevor das Hauptaugenmerk dem hinteren Deckbereich gilt. Dieser Teil des Schiffes ist auch am besten erhalten; neben den Resten der Reling sowie den Winschen und Davids an Deck locken vor allem die ehemaligen Mannschaftsräume innerhalb der flachen Aufbauten. Man sollte sich jedoch überlegen, ob man dort unbedingt herein muss: Es ist eng und dunkel im Inneren, sämtliche Einrichtungsgegenstände bis auf eine Badewanne wurden

schon vor langer Zeit entfernt. Besser ist es, sich die Luft für deutlich spannendere Bereiche aufzusparen. Apropos Luft: Wie alle Wracks bei Abu Nuhas ist auch die *Kimon M* prädestiniert für Abstiege mit Nitrox. Die deutlich längeren Nullzeiten oder der enorme Sicherheitsgewinn, wenn man trotz Nitrox den Computer im Luftmodus belässt, kommen hier voll zum Tragen.

Unmittelbar an den Deckbereich schließt sich der hinterste Laderaum an. Schon hier zeigen sich die enormen Beschädigungen, die der harte Aufprall auf das Riff sowie die jahrzehntelange Seitenlage des Wracks hinterlassen haben. Viele der Träger sind verbogen, der Rumpfbereich gewellt und stellenweise auseinander geborsten. Zwischen dem Übergang von Laderaum Vier zu Laderaum Drei stößt man auf den großen Mast, der wie das gesamte Schiff zur Steuerbordseite zeigt. Dieser ist schön bewachsen und stellt somit auch ein gutes Fotomotiv dar. Sich weiter in Richtung Bug bewegend, kommt man nun an den spannendsten Teil des Frachters – den Bereich der mittleren Aufbauten, der auch den Maschinenraum beherbergt. Dessen Inneres ist ein einziges Gewirr aus verrosteten Laufrosten, festgebackenen Ventilen und mit Sediment bedeckten Rohren, zwischen denen einzelne Elektromotoren für Abwechslung sorgen. Man kann sich, um diesen zu erreichen, jetzt mühselig den Weg durch die diversen Öffnungen an Steuerbord suchen – oder man taucht einfach ein Stück weiter, gleitet in den Laderaum Zwei hinab und dreht um: Das Schott, welches einst den Laderaum vom Maschinenraum trennte, ist weggebrochen und gibt nun eine große Öffnung frei, durch die man problemlos in das Innere des Schiffes gelangen kann. Noch weiter in Richtung Bug zu tauchen, macht dagegen nur wenig Sinn. Mit jedem Meter werden die Zerstörungen größer; der Teil vor Laderaum Zwei ist dann nur noch ein einziges Trümmerfeld, in dem sich kaum noch zusammenhängende Details erkennen lassen. Oftmals findet man in diesem Bereich jedoch kapitale Zackenbarsche, die dort auf

Beute lauern. Wer hier immer noch genug Luft hat, kann sich ein wenig im Freiwasser umschauen, wo man häufig Thunfisch- oder Makrelenschwärme vor die Maske bekommt. Hier, ein wenig vom Riff entfernt, ist auch der beste Platz, um später wieder aufzutauchen: Dicht am Riff, wo an der Oberfläche die Bran- dung wartet, wird es dagegen deutlich gefährlicher – sowohl für die Taucher wie auch für die Fahrer der Zodiacs, die einen dort wieder einsammeln müssen.

FAKTEN ZUM TAUCHGANG

Minimale Tiefe: 12 Meter
Maximale Tiefe: 31 Meter
Strömung: Selten und wenn, dann nur schwach aus- geprägt

Für Anfänger geeignet: Ja, mit Ausnahme des Maschinenraums
Unbedingt anschauen: Heck, Aufbauten mittschiffs

DAS WRACK DER
THISTLEGORM

Sie ist das bekannteste und meistbetauchte Wrack Ägyptens, wenn nicht gar weltweit. Ihre spektakuläre Ladung, ihre beeindruckenden Dimensionen und ihre für Sporttaucher einfach zu erreichende maximale Tiefe haben die *Thistlegorm* zum Star unter den Schiffsruinen gemacht, der in unzähligen Berichten besungen wurde und dem täglich hunderte von Groupies ihre Aufwartung machen – und der dabei Gefahr läuft, von seinen

Anhängern fast zu Tode geliebt zu werden. Einst brauchte die *Thistlegorm* wie jeder Star noch jemanden, der sie förderte und ihrer Karriere den ersten Anstoß gab. Kein besserer hätte dies sein können als Jacques Yves Cousteau, jener legendäre französische Unterwasserpionier, der sie 1955 entdeckte und ein Jahr später in „National Geographic" zum ersten Mal der Öffentlichkeit präsentierte. Doch Cousteau war ein eifersüchtiger Förderer: Die Koordinaten behielt er für sich; niemand sollte finden, was ihm gehörte. Und so geriet die *Thistlegorm* bis 1991 wieder in Vergessenheit, solange, bis deutsche Taucher nach einer systematischen Suche das Wrack wiederentdeckten und ihm mit dem ZDF-Film „Tauchfahrt in die Vergangenheit – Das Wrack der SS Thistlegorm" zu einem rauschenden Comeback verhalfen. Ein Comeback, welches bis heute zur einmaligen Erfolgsgeschichte wurde.

Schottland, im Mai 1941: Während der Krieg in Europa auf seinen Höhepunkt zustrebt, wird in Glasgow ein gut 126 Meter langer und knapp 18 Meter breiter Frachter mit kriegswichtigen Gütern beladen. Kleine LKWs, Motorräder und Gewehre verschwinden im Bauch des modernen Schiffes, dazu kommen noch Flugzeugteile, Kettenfahrzeuge, Ausrüstung und jede Menge Munition. Selbst zwei Lokomotiven werden auf dem Deck verschweißt, um so die wellige Überfahrt bis nach Ägypten sicher zu überstehen, wo die englische Armee sich erbittert gegen Feldmarschall Rommel zur Wehr setzen muss. Als die *Thistlegorm* am 2. Juni 1941 den Hafen verlässt, war dies erst ihre vierte Fahrt – und es sollte ihre letzte werden. Zur Verteidigung hatte sie auf dem Heck lediglich ein 4,7-Zoll-Geschütz und ein schweres Maschinengewehr installiert, beides veraltete Geräte aus dem Ersten Weltkrieg, kaum einsatztauglich, die eher das Gewissen beruhigen und Feinde abschrecken sollten. Neun Soldaten der Royal Navy verstärkten die reguläre Besatzung; sie sollten im Ernstfall die Verteidigung übernehmen.

Die Fahrt ging durch den Atlantik und um Afrikas Westküste herum bis zum Kap der Guten Hoffnung, wo die *Thistlegorm* in Kapstadt Treibstoff bunkerte und sich einem großen Geleitzug anschloss, der durch das Kriegsschiff *HMS Carlisle* verstärkt wurde. 12.000 Seemeilen war die Route lang und als der Geleitzug endlich den Golf von Suez erreichte, schrieb man bereits Ende September. Hier war erst mal Endstation: Am nördlichen Ausgang des Suezkanals war ein Tanker auf eine deutsche Treibmiene gelaufen und blockierte jetzt die Durchfahrtsstraße. Und den Deutschen war nicht entgangen, dass große Schiffe im Golf von Suez vor Anker lagen: Dank der Einnahme von Kreta lag jetzt auch dieser Abschnitt in der Reichweite deutscher Bomber. Die Engländer dagegen müssen Reichweite und Gefahr unterschätzt haben, andernfalls hätten sie den Liegeplatz der Thistlegorm nicht als „Safe Anchorage F", also als „sicheren Ankerplatz", bezeichnet. In den frühen Morgenstunden des 6. Oktober 1941 sollte sich dies rächen: Zwei Heinkel He 111, die auf der erfolglosen Suche nach der zum Truppentransporter umfunktionierten *Queen Mary* waren, stießen unweit der Küste des Sinai auf den ankernden Verband. Ein Bomber griff, flach über das Meer kommend, von achtern aus an. Gegen 1:30 Uhr brach das Inferno los, zwei Bomben schlugen in den Frachter ein und lösten eine Kettenreaktion aus. Die unter Dampf stehenden Kessel der *Thistlegorm* explodierten, kurz danach gingen Munition und Granaten hoch. Die Wucht der Explosion war so stark, dass die Lokomotiven wie glühende Feuerbälle über das Meer geschleudert wurden, es roch nach Pulverdampf, Leuchtspurgeschosse detonierten wie Sternschnuppen. Neun britische Seeleute starben, die *Thistlegorm* wurde in ihrer Mitte regelrecht zerfetzt. Trümmerstücke von ihr schlugen noch ein großes Loch in die gepanzerte Bordwand des Kreuzers *HMS Carlisle*, der später die Überlebenden aufnahm. Es war das Ende eines Schiffes, das Ende eines als sicher geltenden Ankerplatzes, das Ende von neun Menschenleben.

TAUCHREPORTAGE „THISTLEGORM"
RUSH HOUR AM WRACK

Nein, für Kapitän Hussein von der „Seawolf Soul" ist das kein Spaß mehr: Ruder hart Backbord, kleine Fahrt voraus, dann die Schiffspropeller wieder rückwärts laufen lassen. Manövrieren auf kleinstem Raum, so lange, bis das 36 Meter lange Tauchsafarischiff seine Position über der „Thistlegorm" erreicht hat – inmitten fünfzehn weiterer Schiffe, die dort schon ankern. Einfacher dagegen ist der Job für Diveguide Bernhard Huber, den alle nur „Huby" nennen: Wo das Rote Meer von den Atemblasen der Taucher wie ein Whirlpool sprudelt, liegt das Wrack.

Einer der Ersten im Wasser ist Michael Böhm. Der Burgheimer kennt den 126 Meter langen ehemaligen Versorgungsfrachter der britischen Wüstenarmee mittlerweile in- und auswendig, viermal war er bereits hier. Bewaffnet mit einer Spiegelreflexkamera lässt er sich bis auf das Hauptdeck in 17 Meter Tiefe sinken, schwebt dann zielstrebig weiter in Richtung Bug und hin zu den offen stehenden Laderäumen. Auf zwei Deckebenen stehen LKWs, hinter den Fahrerkabinen sind unzählige Motorräder auf den Ladeflächen verzurrt. Für Böhm besteht die Welt jetzt nur noch aus dem kleinen Sucher seiner Kamera: Erst taucht ein Gummistiefel darin auf, dann die Tragfläche eines Flugzeuges, anschließend Karabiner, die durch Korallen in fast sieben Jahrzehnten fest miteinander verwachsen sind.

Noch haben Michael Böhm und sein Tauchpartner die Relikte für sich alleine, zieht Huby mit den weniger erfahrenen Tauchern seine Kreise um das Wrack herum. Der Fotograf weiß: Wenn die Anfänger erst einmal in den Laderäumen sind, ist es mit der guten Sicht recht schnell vorbei. Böhm stoppt vor der zerbrochenen Windschutzscheibe eines LKWs, in dessen Inneren noch ein zerrissener Schuh liegt. Sein Blitzlicht zuckt über das gespenstische Szenario, es ist ein Fotografieren gegen die Zeit: Böhm versucht, Historie auf einen Speicherchip zu bannen.

Nachts kamen die Bomber

Für die Besatzung der Thistlegorm war die Nacht des 06. Oktober 1941 anfangs eine wie viele andere. Das Schiff lag auf dem von der britischen Admiralität festgelegten „Safe Anchorage F" vor Anker und wartete auf die Genehmigung zum Passieren des Suezkanals, als um 01:30 Uhr zwei deutsche Heinkel He 111 im Tiefflug angriffen. Bomben trafen das Schiff und brachten große Mengen Munition zur Explosion: Die Thistlegorm wurde mittschiffs förmlich zerfetzt und sank binnen weniger Minuten auf den 31 Meter tiefen Meeresgrund.

Nach dem Krieg geriet das Schiff in Vergessenheit, bis es 1955 von Jacques Yves Cousteau wiederentdeckt wurde. Böhm kennt die damaligen Filmaufnahmen, er weiß auch, dass Cousteau die genaue Position des Wracks nie verraten hatte. Bis 1991 ein deutsches Tauchteam die Thistlegorm dann zum zweiten Mal entdeckte: Ein gewaltiger Run auf das Wrack begann – 2007 schätzte die ägyptische Meeresschutzorganisation HEPCA die Anzahl der jährlichen Tauchgänge dort auf 96000. Es gibt

kein verrostetes Motorrad, keinen verrotteten LKW mehr an Bord, der nicht bereits tausendfach berührt wurde. Fast jedes Detail was irgendwie entfernbar erschien, ist in den Taschen von Souvenirjägern verschwunden.

Durch die in den Räumen aufgestauten Luftblasen der Taucher und den häufig am Wrack festgemachten Tauchschiffen drohten gar ganze Teile der Schiffsstruktur zusammen zu brechen. Ende 2007 startete die HEPCA dann eine Rettungsaktion unter dem Motto „Save the Thistlegorm": Löcher wurden gebohrt, durch die die Luft entweichen konnte und auf dem Meeresgrund um das Wrack herum wurden „Mooring Systeme" installiert, die jetzt den Tauchschiffen zum Ankern dienen. Kapitän Hussein steht dem Andrang, der ihm ja auch den Arbeitsplatz sichert, mit arabischem Langmut entgegen. „Früher, ohne GPS, da mussten wir das Wrack noch nach Landmarken anpeilen. Heute brauch ich auch kein GPS – ich schau einfach, wo all die anderen Schiffe ankern!" Sagt er und lacht: Was er wirklich davon hält, erfährt man nicht.

Zwischen Geschützen und Makrelen

Wer an der Thistlegorm noch den Hauch von Exklusivität haben möchte, der muss es machen wie Michael Böhm: „Einfach immer gegen den Zyklus tauchen. Beim ersten Tauchgang tauchen die Guides mit ihren Gruppen meist außen rum und ich geh direkt in die Laderäume. Wenn die Gruppen dann beim zweiten Tauchgang die Laderäume auf dem Plan haben, verschwinde ich ans Heck: So hat man wenigstens halbwegs seine Ruhe." Oder er hält sich an den erfahrenen Diveguide Huby: „So gut es geht, versuchen wir immer, das kleine Fenster zu erwischen, in dem man mal alleine im Wasser ist. Den Gästen die Thistlegorm ein paar Minuten exklusiv präsentieren zu können, ist vielleicht die schwerste Aufgabe am Wrack."

Beim zweiten Abstieg steuert Böhm das Trümmerfeld an, hier, wo einst die Bomben ihr Ziel trafen. Über verstreut liegenden Granaten liegt kopfüber ein kleines Kettenfahrzeug, hilflos wirkend wie ein Marienkäfer auf dem Rücken. Wenn der Fotograf 30 Meter vom Wrack wegtauchen würde, käme er an den Überresten einer Lokomotive vorbei – die Explosion hat sie seinerzeit weit von Bord geschleudert. Doch Böhm taucht weiter, hin zum Deckgeschütz, dessen Lauf sich dem Meeresboden zuneigt: Fast so, als wollte es ihm drohen. Von unten betrachtet, hebt es sich perfekt von der hellen Meeresoberfläche ab. Über und über mit Korallen bewachsen und einst geschaffen, Leben zu vernichten, bietet es heute vielen Tieren ein Zuhause. Auf dem Lauf sitzt eine Pyjama-Nacktschnecke, schillernd in Rot, Orange und Blau. Unterhalb der Geschützplattform lugt ein Augenpaar neugierig in das Objektiv der Kamera. Ein kurzes Zucken des Fotografen und schon ist die Grundel verschwunden, zurückgezogen in die Sicherheit ihrer stählernen Behausung. Doch auch der Blick ins Freiwasser lohnt sich oftmals: Häufig ziehen imposante Schwärme von Dickkopf-Makrelen silbrig schimmernd am Wrack vorbei.

Böhms Luftvorrat mahnt zum Rückzug. Die Bilder sind im Kasten, die Eindrücke im Kopf gespeichert. Ist er für die wirklich tollen Fotos an der Thistlegorm nicht ein paar Jahre zu spät dran? „Ganz sicher“ sagt er und nickt. „All die kleinen Details, die die Mystik beim Wracktauchen ausmachen, sind hier schon lange verschwunden. Aber dennoch ist die Thistlegorm eines der faszinierendsten Wracks, die ich kenne, ihre Ladung immer noch atemberaubend. Und wer weiß, wie lange sie noch steht ...“

Veröffentlicht am 07.07.2009 auf SPIEGEL ONLINE

TAUCHEN AN DER THISTLEGORM

Das Wrack liegt unweit der Küste des Sinai bei Shaab Ali und wer es komplett erkunden möchte, sollte wenigstens drei Tauchgänge einplanen: Den ersten, um sich einen Gesamtüberblick zu verschaffen, einen zweiten alleine für die Laderäume und das Innere des Wracks. Der dritte sollte dann zu dem Trümmerfeld sowie dem gut erhaltenen Heck führen, welches schräg in Richtung Backbord geneigt auf dem Meeresgrund liegt.

Meist sind die Ankerseile der Safarischiffe unweit der Brücke im mittleren Bereich der Thistlegorm befestigt. Von hier aus kann man sich über das Deck hinweg zügig in Richtung Bug bewegen, um sich dann für den Rückweg richtig Zeit zu lassen. Auf der Steuerbordseite führt die Ankerkette bis auf den Grund hinab, der Anker selbst liegt rund 100 Meter voraus. Man sieht im Bugbereich die Poller, an denen das Schiff einst festgemacht wurde, sowie die Ankerwinde, an der die zwei Ankerketten befestigt sind. Direkt darunter, im Vorschiff, gibt es ein paar kleinere Räume, die allerdings kaum sehenswerte Details beherbergen. Wie bei allen Laderäumen fehlt auch beim vordersten die Abdeckung, so dass der Einstieg problemlos möglich ist. Links und rechts der Ladeluke steht jeweils ein Tenderwagen für die Lokomotiven, wobei der auf der Backbordseite bereits bedrohlich über die Öffnung des Laderaumes ragt: irgendwann wird dieser Bereich einmal einstürzen. Beide vorderen Laderäume sind zweistöckig, das heißt, sie haben jeweils ein Zwischendeck, um so mehr Stauraum zu schaffen. Wenn man in den vordersten Laderaum eindringt, stößt man auf dessen Zwischendeck als erstes auf einige Bedford-LKWs, auf deren Ladeflächen Motorräder der Marke BSA zu finden sind – ein im Zweiten Weltkrieg von den Briten oft eingesetzter Typ, der hier unten mittlerweile ein trauriges Bild abgibt. Ob Tankdeckel, Werkzeugtaschen, Plaketten, Fußrasten oder Anzeigen – hier wurde geplündert, was es zu plündern gibt.

Bald noch schlimmer steht es um die LKWs, denen oftmals sogar die Dächer aufgeschnitten wurden, um an die Lenkräder und Schalthebel zu kommen. Wie kann man in eine Motorhaube Löcher stoßen oder sie sogar komplett ab eißen, nur, um an einen vergammelten Öldeckel zu kommen? Neben den Fahrzeugen findet man auf dieser Ebene weiterhin noch Tragflächen, die für Spitfire-Flugzeuge bestimmt waren sowie metallene Abdeckungen von Sternmotoren. Und obwohl von oben genug Licht einfällt und es recht hell ist, sollten Taucher in der *Thistlegorm* eine Lampe mit sich führen – so lassen sich die vielen Details im Inneren deutlich besser erkennen.

Auf dem unteren Deck legen diverse militärische Ausrüstungsgegenstände wie Karabiner der Marke Lee-Enfield herum; verklumpt durch Jahrzehnte auf dem Meeresgrund und kaum noch als Gewehre zu identifizieren. Die Taucherlampe reißt metallene Bettgestelle, Krankenhausbedarf und medizinische Geräte zur Versorgung der kämpfenden Truppen aus der Dunkelheit heraus, leuchtet über Fahrzeuge, auf denen Generatoren und Trafos abgestellt sind und findet vereinzelt auch große Scheinwerfer mit davor angebrachten Morseklappen – ein Sammelsurium militärischer Fundstücke, das weltweit wohl einmalig ist. Nachdem man zumindest das Wichtigste gesehen hat, kann man den ersten Laderaum auf dem umgekehrten Weg wieder senkrecht nach oben verlassen oder durch eine der zahlreichen Öffnungen an der hinteren Wand direkt in den zweiten Laderaum tauchen.

Und Laderaum Zwei ist noch beeindruckender, noch vielfältiger, noch interessanter, als es der erste bereits war. Es ist ein Unterwassermuseum, in dem LKWs, Motorräder und etliche Jeeps die Exponate in beiden Ebenen darstellen. Man fühlt sich wie in einer Zeitkapsel gefangen, wundert sich, dass die Reifen auch in sieben Jahrzehnten noch keinerlei Bewuchs vorweisen können und schwebt über Ladeflächen hinweg, die dicht an dicht mit Zweirädern vollgestellt sind. Zwischen den Fahrzeugen finden sich unzählige Gummistiefel, die ebenfalls für die Truppen gedacht waren. Gummistiefel in der Wüste? Sie gehörten zu einer vollständigen Schutzbekleidung, die gegen vermutete deutsche Gasangriffe getragen werden sollte. Hier, in Laderaum Zwei, sollte man langsam und mit viel Ruhe die einzelnen Stücke begutachten: Die Thistlegorm ist trotz aller Plünderungen immer noch eine Königin, die ihre Untertanen für gebührende Aufmerksamkeit zu belohnen weiß.

Für den Rückweg bieten sich nun zwei Optionen an. Zum einen der Weg über das Deck, der für unerfahrene Taucher sicher der empfehlenswertere ist. Interessanter jedoch ist die Strecke durch eine Öffnung auf der untersten Ebene des zweiten Laderaumes, direkt an der Steuerbordseite gelegen, die durch den dritten Laderaum unterhalb der Brücke und weiter durch den Kohlebunker bis in das mittschiffs gelegene Trümmerfeld führt. Kurz, bevor man dieses erreicht und schon wieder ins Freie blicken kann, geht rechter Hand ein weiterer Gang ab, der zu mehreren kleinen Räumen führt. In einem davon ist auch die Badewanne des Kapitäns zu finden, die – dank der vielen Taucher, die sich für einen Schnappschuss dort hineinlegen – wie frisch geputzt aussieht.

TRÜMMERFELD UND HECK

Auf den ersten Blick nur eine Ansammlung von zerstörten und geborstenen Wrackteilen, lohnt das Trümmerfeld dennoch einer genaueren Betrachtung. Hier, inmitten der größten Zerstörungen, finden sich Kettenfahrzeuge des Typs *Universal Carrier MK II*, mehrere Kisten mit Munition, größere Granaten und die durchgetrennte Antriebswelle des Schiffes. Dass man die Munition auch nach sieben Jahrzehnten nicht anfassen sollte, ist eigentlich selbstverständlich. Bei günstigen Strömungsverhältnissen kann man jetzt rechtwinklig vom Wrack wegtauchen und wird auf beiden Seiten nach 40 bis 50 Metern auf die Lokomotiven treffen – eine an Steuerbord, eine an Backbord, wobei die an Backbord in einem deutlich besseren Zustand ist.

Das Heck selber, obwohl nur rund zwanzig Meter lang, ist durchaus einen eigenständigen Tauchgang wert. Ruder und Propeller, das schrägliegende Deck, an dem erst das leichtere Geschütz mit dem Schutzschild und dann die 4,7-Zoll-Kanone ins Blickfeld geraten, all das hat einen ganz eigenen Reiz, insbesondere, da dieser Bereich deutlich seltener von Tauchern aufgesucht wird als das Vorschiff. Neben dem schwereren Geschütz führt eine Luke ins Innere des Wracks, wo einst die Geschützmannschaft auf ihren Einsatz wartete. Eine senkrecht angebrachte Leiter weist den Weg nach unten, wo Schränke, Kisten und abzweigende Korridore warten, von denen einer zu einem WC führt. Anders als die Laderäume ist es hier jedoch ausgesprochen eng und der Boden mit Sediment besetzt: Kein Bereich mehr, in den sich Taucher ohne ausgeprägte Wrackerfahrung vorwagen sollten. Zwischen Geschütz – und Hauptdeck findet man nach dem Ausstieg noch eine Art Promenade, die von der schön bewachsenen Reling begrenzt wird. Wenn man sich dann auf den Weg zurück zum Ankerseil macht, bleibt Zeit, die Geschichte der *Thistlegorm* Revue passieren zu lassen: Von ihrer kriegswichtigen Bedeutung bis zum Inferno des Unterganges, von der Entdeckung durch Cousteau bis zu ihrem heutigen Stellenwert für die Sporttaucherei in Ägypten – ein wahrhaft einmaliges Wrack!

 FAKTEN ZUM TAUCHGANG

Minimale Tiefe: 17 Meter
Maximale Tiefe: 30 Meter
Strömung: Zeitweise, manchmal auch heftiger

Für Anfänger geeignet: Ja
Unbedingt anschauen: Bug, Ladung, Gesamteindruck, Heck

DAS WRACK DER
KINGSTON

Unweit der Thistlegorm an einem Riff namens Shag Rock, liegt ein Wrack, das Taucher unter drei verschiedenen Namen kennen: Als „Schraubenfrachter", *Sarah H* oder eben als *Kingston*. Die Bezeichnung „Schraubenfrachter" stammt noch aus einer Zeit, als man aufgrund kaum vorhandener Kenntnisse die Wracks einfach nach ihren Auffälligkeiten oder ihrer Ladung benannte: Die *Chrisoula K* war der Fliesenfrachter, die *Kimon M* der Linsenfrachter, die *Ghianns D* der Holzfrachter und die Kingston eben der Schraubenfrachter, weil auf ihrem Deck gut sichtbar ein imposanter Ersatzpropeller (allgemein als „Schraube" bezeichnet) angebracht ist. Der zweite Name, *Sarah H* entspringt dagegen rein der Fantasie eines Kapitäns, der das Schiff einfach nach seiner Frau benannt hat – ein Wrack mit diesem Namen hat es in Ägypten nie gegeben. Doch es ist ein schönes Beispiel dafür, wie einmal in die Welt gesetzte Bezeichnungen sich verbreiten und überleben können: Noch heute gibt es einige Guides, die Stein und Bein darauf schwören, dieses Schiff würde *Sarah H* heißen.

Als die *Kingston* 1871 vom Stapel lief, wurde sie als „Eisen-Brigg mit Schraubenantrieb" bezeichnet. Sie hatte die Linien und Masten eines Segelschiffes, einzig der mittig angebrachte Schornstein war ein optischer Hinweis auf die Moderne. Mit ihren 78 Meter Länge und zehn Meter Breite verdrängte sie knapp 1500 Tonnen und erreichte maximal elf Knoten Geschwindigkeit – ein elegantes Schiff, auch, wenn ihre Verwendung als Kohlefrachter eher proletarisch anmutete. Kapitän Thomas Cousins steuerte sie auf ihrer letzten Reise von Großbritannien aus in Richtung Aden, als das Schiff in den frühen Morgenstunden des 22. Februar 1881 mit

Shag Rock kollidierte. Zuerst schienen die Schäden nicht allzu schlimm zu sein, wurde die Kingston noch nicht aufgegeben. Doch in den folgenden Tagen verschlechterte sich die Lage dramatisch, bis Kapitän Cousins am Nachmittag des zweiten Tages als letzter Mann das Schiff verließ – nur wenige Minuten, bevor die *Kingston* vom Riff rutschte und versank. Am 25. Februar 1881 wurde das Wrack dann von seiner Reederei endgültig als Totalverlust abgeschrieben.

TAUCHEN AN DER KINGSTON

Häufig wird das Wrack von den Safarischiffen am selben Tag wie die *Thistlegorm* aufgesucht, meist als zweiter oder dritter Tauchgang des Tages. Es liegt in maximal 17 Meter Tiefe aufrecht auf dem Grund; der am Riff liegende Bugteil ist bereits weitestgehend zerstört. Viele Taucher erinnert sie an die *Carnatic* oder die an der Südspitze des Sinai liegende *Dunraven*, mit denen sie in einer ähnlichen Epoche gebaut wurde. Doch im Gegenteil zur eher langweilig zu betauchenden *Dunraven*, die dazu auch noch kopfüber liegt, lohnt der Abstieg zur *Kingston* direkt doppelt: Einmal wegen des Wracks selbst, zum anderen aber auch wegen des fantastischen Korallenriffs, mit dem sie kollidiert ist.

Meist nähern sich Tauchgruppen dem Wrack vom Heck her, welches auch den am besten erhaltene Teil der *Kingston* darstellt. Die große Ruderanlage sowie der heute altmodisch erscheinende, vierblättrige Propeller geben erstklassige Fotomotive ab: Der Traum eines jeden Pixelfreundes. Über dem Heck sind die Überreste der einstigen Ruderanlage zu erkennen, bevor man sich dann in das Innere des Wracks fallen lässt. Es gibt hier keine geschlossenen Räume, das hölzerne Deck ist schon lange vermodert, nur die stählernen Träger sind übrig geblieben.

Auf ihnen liegt auch de Ersatzpropeller, der der Kingston zu
ihrer früheren Bezeichnung „Schraubenfrachter" verholfen hat.
Je weiter man sich nun dem Bereich Mittschiff nähert, desto
stärker werden die Verwüstungen. Lediglich ein paar Rohre und
ein großer Kessel lassen sich noch zweifelsfrei identifizieren,
der Rest ist mittlerweile zu einem künstlichen Riff geworden –
ein Riff, welches es in sich hat. Denn noch beeindruckender als
das Schiffsrelikt selber ist das Korallenwachstum und Fischleben, welches im Umkreis zu finden ist: Shag Rock gehört zu

den prächtigsten Riffen, die man im nördlichen Roten Meer betauchen kann!

Was auch immer man an Fischarten in dieser Region erwarten kann, gibt sich an diesem Spot ein Stelldichein. Wimpelfische stehen über mint- und orangefarbenen Hartkorallen, Flötenfische hängen sich an die Taucher, Schildkröten genießen ein frühes Abendessen an den unzähligen Weichkorallen und bunte Falterfische geben dem ohnehin schon farbenprächtigen Riff noch weitere Impulse. Trotz der vielen Taucher vor Ort wirkt der Korallengarten noch vollständig unberührt und intakt, sicher auch ein Verdienst der zum Teil heftigen Strömungen, die man hier oftmals antrifft. Denn auch, wenn der Tauchgang flach und das Wrack selber hell und offen ist, sollte der Schwierigkeitsgrad nicht unterschätzt werden: Mehr als einmal ist es schon passiert, dass Taucher hier abgetrieben wurden und sich in der Nähe der viel befahrenen Schiffsstraße wiederfanden. Wem die Strömung jedoch wohlgesonnen ist, der kann sich von ihr treiben lassen – vorbei an einem wunderschönen Riff und hin zu der Stelle, wo das ankernde Safariboot einen dann wieder aufnimmt.

 FAKTEN ZUM TAUCHGANG

Minimale Tiefe: Drei Meter
Maximale Tiefe: 17 Meter
Strömung: Häufiger, manchmal auch heftig

Für Anfänger geeignet: Ja
Unbedingt anschauen:
Heck, Ersatzpropeller, Korallen und Fische

GROSSFISCH SATT:

BROTHERS/ DAEDALUS/ ELPHINSTONE

Zwischen Ägypten und Saudi Arabien, auf der Höhe von El Quesier, liegen die ägyptischen Sehnsuchtsinseln schlechthin. „Wo fährst du denn im Urlaub hin?" „Zu den Brothers!" Ein Mehr an Erklärungen ist in Taucherkreisen nicht nötig: Die Brothers sind zu einem Ziel zwischen Tauchspot und Mythos geworden. Ihre Erschließung in den späten 80er Jahren des letzten Jahrhunderts ist eng mit dem Namen Rudi Kneip und seinem Tauchkreuzer *Number One* verbunden. „Mein Meer, mein Boot, meine Brothers": Den älteren Tauchern wird bei Kneips Lieblingsspruch wahrscheinlich immer noch ein Lächeln der Melancholie die Mundwinkel nach oben ziehen, während gleichzeitig im Kopfkino die besten Folgen vergangener Jahre abgespielt werden.

Es waren sagenhafte Geschichten, die damals aus Ägypten die Taucherwelt erreichten: Geschichten von Haien, denen man vom Boot aus fast auf den Kopf springen konnte, von mythischen Wracks, die über und über mit Korallen bewachsen am Riffhang

hingen, von Fischschwärmen, so unfassbar groß, dass sie einem den Blick ins Freiwasser verstellten. „Wollt ihr tanzen oder tauchen?" – Kneips Frage war rein hypothetischer Natur; wer sich mit ihm auf den Weg zu den Brothers machte, hatte seine Entscheidung längst getroffen: Gegen das Gewohnte, für das Wagnis. Gegen Routine, für die Neugier – die Brothers gehörten zu den größten Abenteuern, denen sich ein Taucher bis in die 90er Jahre hinein stellen konnte.

Es gibt nur wenige Tauchplätze weltweit, die es mit der Vielfalt des Angebotes an den beiden Inseln aufnehmen können: Ob Wracks, Großfisch, Fischschwärme oder eine überschäumende Korallenwelt – die Brothers sind ein Mikrokosmos dessen, was das Rote Meer zu bieten hat. Doch in ihrer Schönheit liegt auch ihre Gefährdung verborgen. Zeitweise werden sie von Tauchern fast zu Tode geliebt. Heute sind die Brothers Allgemeingut, das im Programm eines jeder Tauchreiseveranstalters vorkommt. Die Größe der Safarischiffe hat sich fast verdoppelt, ihre Anzahl mehr als verzehnfacht. Keine Ecke, keine Koralle scheint mehr unerkundet. Und dennoch haben sie kaum etwas von ihrer Anziehungskraft eingebüßt, ziehen Jahr für Jahr immer mehr Besucher an – eine neue Klientel, die, da taucherisch im Schnitt deutlich unerfahrener, von den Guides beschützt und fremdgesteuert am Riff ihre Bahnen zieht. Haben die Inseln dadurch ihren Reiz verloren?

Ganz klare Antwort: Nein! Wenn man das erste Mal hier abtaucht, ist es fast egal, welcher Route man unter Wasser folgt – es gibt an den Brothers keine Stelle, die reizlos ist, kein Tiefenbereich, der uninteressanter wäre als ein anderer. Und für erfahrene Taucher, die schon mehrfach vor Ort waren, finden sich unzählige Möglichkeiten, in autonomer Buddyteams abseits der bekannten Routen auf Neues zu stoßen: Man muss nur wissen, wo. Und man sollte sich vor der Buchung der Reise darüber im Klaren sein, dass die Brothers/Daedalus/Elphinstone-Tour im Tourkalender der Veranstalter jene ist, die den Tauchern am meisten abverlangen kann – nicht, weil es sich per se um ein schwieriges Tauchgebiet handelt, sondern weil die Riffe fernab der Küste oftmals unberechenbar sind. Wind und Welle, strömungsexponierte Außenriffe, Steilwände, dazu muss fast jeder Tauchplatz mit dem Zodiac angefahren werden. Freunde des „Easy Diving" fühlen sich hier schnell überfordert.

UNTERWEGS

Die Leinen sind gelöst; sanft vibriert der Schiffsrumpf durch die Kraft der Motoren, die mit kleiner Fahrt voraus den Bug des Tauchkreuzers in Richtung der Hafenausfahrt schieben. Man liegt auf dem Sonnendeck eines schneeweißen Safarischiffes und befindet sich auf dem Weg hin zu einem der spektakulärsten Tauchgebiete im Roten Meer – was kann es Schöneres geben? Nach dem Start geht es meist von Port Ghalib, einem luxuriösen Hafen nahe Marsa Alams, zu einem der flachen, küstennahen Tauchplätze. Der Checkdive steht auf dem Programm und gibt den

Guides die Möglichkeit, sich einen ersten Eindruck über die taucherischen Qualitäten der neuen Gäste zu verschaffen. Haben alle genug Blei ausgewählt, sind einige gar überbleit? Klappt das Setzen der Strömungsboje, die an den küstenfernen Riffen zur Grundausstattung eines jeden Tauchers gehören sollte? Außerdem dient der erste Tauchgang in flacheren Gewässern dazu, die in den vergangenen Monaten eventuell verloren gegangene Sicherheit unter Wasser wieder zu erlangen.

Nachdem diese Hürde genommen ist, vergehen je nach Wetterbedingungen und Bootsgeschwindigkeit sieben bis acht Stunden Fahrtzeit, bis die Brother Islands in Sicht kommen. Stunden, die auch mal rauer werden können – wer nicht seefest ist, findet sich bei stärkeren Wellenbewegungen schnell mal über der Reling hängend wieder. Ein probates Mittel dagegen ist „Emeral", ein Medikament gegen See- und Reisekrankheit, welches die meisten Safarischiffe an Bord haben. Doch auch der letzte Rest Übelkeit vergeht, wenn der 1880 erbaute viktorianische Leuchtturm, das weithin sichtbare Wahrzeichen von Big Brother, ins Blickfeld gerät: Das Ende der Fahrt naht, das Abenteuer steht unmittelbar bevor.

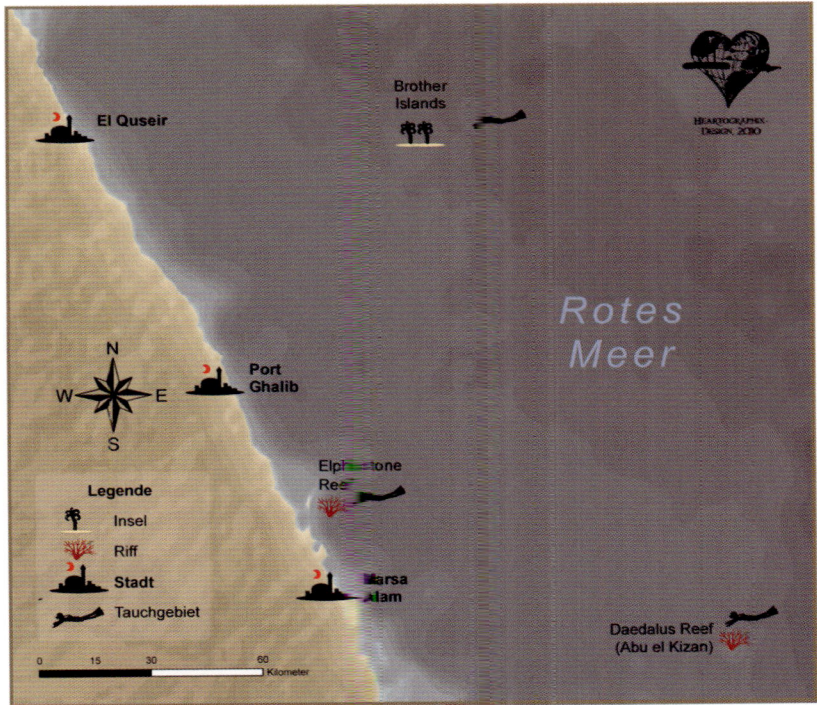

AM ZIEL

Es folgen Tage, die nur aus einer Aneinanderreihung von Schlafen, Essen und Tauchen zu bestehen scheinen; unterbrochen lediglich durch das Gebimmel der Schiffsglocke, die in schöner Abwechslung die nächste Mahlzeit oder das kommende Briefing einläutet. Vielleicht ist dies der größte Reiz, den eine Tauchsafari ausübt: Sie ermöglicht das Loslassen, die Reduzierung aufs Wesentliche, den Verlust alltagsrelevanter Begebenheiten, die Freiheit der Gedanken. Wundervoll und einmalig.

Unter Wasser rauben die Brothers ihren Besuchern immer noch den Atem. In flacheren Regionen, wo die Sonne mit voller Wucht ihre Energie ins Riff pumpt, ist kein Fleckchen vom Bewuchs verschont geblieben: Hart- und Weichkorallen kämpfen um jedes noch so kleine Plätzchen, Peitschenkorallen wachsen vom Riff weg in die Strömung hinaus und überall wuselt es von Fahnenbarschen, Papageifischen und Maskenfaltern, die die Wände mit ihren bunten Farben betupfen. Über den Riffdächern stehen kleine Barrakudas, während ihre größeren Artgenossen durch das Freiwasser patrouillieren. In tieferen Regionen filtrieren Gorgonien von mehr als drei Meter Durchmesser die Strömung, entschwindet das Wrack der Numidia schemenhaft bis auf rund 80 Meter Tiefe, während sich in der Nähe der beiden Südplateaus oftmals Fuchshaie aus der Dunkelheit schrauben. Auch wenn sich die Haie hier nicht mehr in derselben Anzahl und Selbstverständlichkeit wie noch in den 90er Jahren sichten lassen – die Brother Islands, insbesondere der kleinere Bruder, sind immer noch eines der sichersten Reviere für Großfisch in Ägypten. Damit dies auch so bleibt, wäre eine Begrenzung der Safarischiffe durch die ägyptische CDWS (Chamber of Diving and Watersports) wünschenswert. Acht Boote mit maximal 160 Tauchern, die gleichzeitig an den beiden Inseln liegen, sollten mehr als genug sein. Damit die Brothers auch in Zukunft das bleiben, was sie jetzt noch sind: Ein Abenteuer.

BIG BROTHER

Ihr Anblick ist der Inbegriff für Tauchsafaris in Ägypten, ihre
Silhouette mit dem viktorianischen Leuchtturm das wohl am häu-
figsten in Tauchmagazinen abgelichtete Motiv: Big Brother, rund
70 Kilometer von El Quseir entfernt und mitten im Roten Meer gelegen, übt auf Taucher eine fast schon magnetische Wirkung aus.
Wer noch nie hier war, dem sei ein Besuch auf dem Leuchtturm
empfohlen, dessen Besatzung qualitativ gar nicht mal schlechte
T-Shirts als Andenken zum Verkauf anbietet – auf den meisten

Safaris wird ein solcher Ausflug mit dem Zodiac ermöglicht. Dabei kann man auf der Insel gleichzeitig auch auf ein paar Details achten, die sie fast schon historisch interessant machen. Durch die Eröffnung des Suezkanals am 11. September 1869 stieg die Zahl der Schiffe, die das Rote Meer durchquerten, plötzlich sprunghaft an. Um deren Sicherheit auf der viel befahrenen Route zu erhöhen, begann man ab 1880 mit der Errichtung von Signalstationen, zu denen auch der Leuchtturm auf Big Brother zählte. Die Steine, die dafür nötig waren, wurden direkt auf der Insel gebrochen – noch heute sieht man einen oftmals als „Sklavenpfad" bezeichneten Weg, der sich vom Leuchtturm aus in Richtung Norden zieht und auf dem die Steine einst transportiert wurden. Heute dient der Leuchtturm nicht nur passierenden Schiffen zur besseren Orientierung, er ist nunmehr selbst für eine ganze Armada weißer Tauchsafariboote zum Anlaufpunkt geworden. Ihre Gäste suchen Tauchen in Vollendung, werden angelockt durch die einmalige Kombination aus versunkenen Schiffsruinen, beeindruckenden Großfischbegegnungen und einer Unterwasserwelt, die immer noch das Attribut „unberührt" verdient. Die rund 400 Meter lange und maximal 40 Meter breite Insel hat für jeden Geschmack etwas im Angebot – vom Wrackenthusiasten bis hin zum Schneckenschubser.

TAUCHEN AN BIG BROTHER

Beide Seitenwände haben ihren Reiz: Während auf der südlichen Seite meist Abstiege zum Wrack der Aida den Tauchgang einläuten (siehe separates Kapitel), steht im Nordwesten eher das maritime Leben im Vordergrund. Haibegegnungen sind hüben wie drüben möglich, wenn auch bei weitem nicht so häufig wie an Little Brother. Der Blick ins Freiwasser lohnt dennoch, gerade in Zeiten mit schlechteren Sichtverhältnisse, wenn das ansonsten fast transparent erscheinende Blau durch Plankton eingetrübt ist – oftmals legen Mantas an der Insel einen Zwischenstopp ein, stehen fliegenden Teppichen gleich in der Strömung und filtrieren an Nahrung heraus, was sie bekommen können. Die größte Rochenart hält sich dabei häufig in Tiefenbereichen oberhalb von 15 Metern auf: Wie oft mögen Taucher sie schon übersehen haben, nur, weil ihr Blick auf der Suche nach Haien konstant nach unten gerichtet ist?

Doch auch ohne Manta und Hai gibt es hier genug zu sehen: Wer einen Fischführer über das Rote Meer im Reisegepäck hat, dürfte fast jede beschriebene Art an der Insel auch wieder finden. Zu den ständigen Begleitern der Tauchgruppen zählen die zutraulichen Flötenfische, die aufgrund des stattlichen Nahrungsangebotes und

der in den Marineparks verbotenen Fischerei oftmals enorme Aus-
maße erreichen. 2009 war ich gemeinsam mit Nina Zschiesche,
Redakteurin des VDST-Magazins „Sporttaucher", vor Ort, als sie
versuchte, einen der aufdringlichen Begleiter wegzuscheuchen:
Bis heute schwört sie Stein und Bein, dass dieser vor Schreck laut
gequietscht habe, was bei ihr einen Lachanfall auslöste. Quiet-
schende Flötenfische oder beginnender Tiefenrausch? Wie auch
immer, ich habe nichts gehört – aber die Leser des Buches können
dies ja gerne einmal im Selbstversuch probieren. Unbedingt im
Auge behalten sollte man dabei auch die zahlreichen Überhänge,
Einkerbungen und Grotten, von denen sich einige als kleine Höhlen entpuppen, die man problemlos durchtauchen kann. In jeder
einzelnen gibt es etwas zu entdecken: Muränen, Rotfeuerfische

oder die wunderschönen Juwelen-Zackenbarsche, die dort Schutz vor Räubern suchen. In den dunkleren Bereichen stößt man dann auf Husarenbarsche, recht imposante Fische, die jedoch mit ihren leicht geöffneten Mündern und den großen Augen oftmals ein wenig debil wirken.

Fotografen können sich ganz nach dem Sonnenstand richten: Am Vormittag bietet sich die nordöstliche Seite, am Nachmittag die südwestliche an. Motive sind überall mehr als genug vorhanden, hier herrscht die Qual der Wahl. Besonders interessant ist eine halbrunde Einkerbung im Riff in unmittelbarer Nähe des Anlegesteges, in dem sich häufig größere Fischschwärme kreisförmig auf kleinem Raum versammeln. Ausgerüstet mit einem Weitwinkelvorsatz, lassen sich dort spektakuläre Bilder erzielen.

TAUCHEN AM SÜDWESTPLATEAU

Das an die Insel angrenzende Südplateau, der Bereich also, in dem die Schiffe meist vor Anker gehen, wird häufig nur zum Ende eines Tauchgangs hin aufgesucht. Völlig zu Unrecht. Nirgendwo sonst stehen die Chancen auf Sichtung von Fuchshaien besser als hier – die scheuen Räuber, deren oberer Lappen der Schwanzflosse die Hälfte ihrer Gesamtlänge ausmachen kann, sind dort relativ standorttreu. Um sie zu finden, muss man sich allerdings ein Stück weit vom Riff weg bewegen, was den Tauchgang bei Strömung recht trickreich werden lässt. Diese verläuft meist von Nord nach Süd und zieht die Taucher unmerklich weiter ins Freiwasser hinaus; der Weg zum Riff zurück kann dann schnell zum Kraftakt werden.

Nach dem Abstieg an der südöstlichen Ecke folgt man dem abfallenden Plateau vom Riff weg, bis sich ein runder Hügel ins Blickfeld schiebt. Vor einem liegen nun weitere kleine Erhebungen, hinter denen sich in gut 40 Meter Tiefe eine Abbruchkante befindet – die ideale Position zur Haibeobachtung. Alles, was man jetzt noch braucht, ist ein wenig Glück: Hier, wo die Masse der Taucher nie vorbei kommt, liegt das Jagdrevier des Fuchshais, der vielleicht elegantesten Haigattung. Mit ihren großen Augen umkreisen sie die im Freiwasser schwebende Tauchergruppe, ziehen mit langsamen Schlägen ihrer überlangen Schwanzflossen vorbei, drehen ab, tauchen tiefer und kommen wieder. Was muss es für ein Schauspiel sein, sie bei der Jagd zu beobachten, wenn sie in einen Fischschwarm hinein stoßen, einzelne Tiere mit gezielten Schlägen ihrer Flossen betäuben, ihre Kreise drehen und erneut angreifen. Tauchern gegenüber zeigen sie sich dagegen eher scheu: Hektische Bewegungen oder ein direktes Anschwimmen genügen und weg sind sie, zum Ärger der übrigen Taucher. Bei aller Faszination für die wunderschönen Tiere sollten Tauchcomputer und Finimeter regelmäßig im Auge behalten werden – die Nullzeit verrinnt in diesen Tiefenbereichen recht zügig, der Rückweg zum Riff ist weit und oftmals muss mit leichter Gegenströmung gerechnet werden.

 FAKTEN ZUM TAUCHGANG

Optimaler Tiefenbereich:	Für Anfänger geeignet:
Bis 40 Meter	Nur bedingt
Strömung: Zeitweise, im	**Unbedingt anschauen:**
Norden oft auch heftiger	Fischleben, kleine Höhlen,
	Südplateau mit Fuchshaien

DAS WRACK DER
NUMIDIA

Es war ein ganz besonderes Kunststück, welches Kapitän John Craig und seiner Crew da gelang. Mit voller Fahrt setzten sie die *Numidia* bei ihrer zweiten Reise am frühen Morgen des 20. Juli 1901 auf die Spitze von Big Brother. Bei bester Sicht trafen sie eine kleine Insel inmitten des Roten Meeres, gekennzeichnet durch einen Leuchtturm. Diese „Helcentat" wird ihm sicher nicht

den Dank seiner Reederei eingebracht haben, der *Anchor Line* in Glasgow – wohl aber den von tausender Tauchern, denen das Missgeschick bis heute einer der besten Tauchgänge im Roten Meer beschert hat.

Als die *Numidia* im Februar 1901 im schottischen Glasgow vom Stapel lief, war sie ein Riese Ihrer Zeit: 137,4 Meter lang, 16,7 Meter breit, mit einer Verdrängung von 6399 Tonnen. Ihr Erscheinungsbild war typisch für den Schiffsbau im frühen 20. Jahrhundert – der Bug fiel fast senkrecht ab, das Heck war ähnlich schwungvoll geformt wie das eines Dampfseglers. Die Numidia hatte insgesamt vier Laderäume, zwei vor und zwei hinter den sich mittschiffs befindlichen Aufbauten, dazu zwei hohe Lademasten und einen Schornstein. Beladen war sie auf ihrer letzten Fahrt unter anderem mit Material für den Ausbau des indischen Eisenbahnnetzes, darunter auch mehrere Eisenbahnachsen.

Nachdem die *Numidia* am Morgen des 19. Juli 1901 den Suezkanal und dann gegen 19 Uhr auch die Insel Shedwan passiert hatte, setzte sie Kurs aufs offene Meer. Die Sicht war gut, das Rote Meer lag fast spiegelglatt vor dem Bug, der sich mit zehn Knoten Geschwindigkeit in Richtung Süden schob. Gegen ein Uhr morgens kam der Leuchtturm von Big Brother in Sicht – Kapitän Craig befahl noch eine kleine Kursänderung um drei Grad, die das Schiff eine Meile westlich der Insel vorbeiführen sollte, bevor er sich in seine Kajüte zurückzog. Doch mit einer ausgiebigen Nachtruhe wurde es nichts. Um 02:10 Uhr krachte es gewaltig, als der Bug des Schiffes bei voller Fahrt mit der westlichen Spitze des Riffs kollidierte. Eine Untersuchungskommission kam zu dem Urteil, dass der Zweite Steuermann wohl eingeschlafen sei und den befohlenen Kurs später eigenmächtig um fünf Grad abänderte, ohne den Kapitän zu informieren. Diesem wiederum wurde zum Vorwurf gemacht, dass er die Brücke verlassen und keinen größeren Sicherheitsabstand zur Insel angeordnet hatte. Die Ladung der *Numidia* konnte in den folgenden Wochen größtenteils geborgen werden, während das Schiff noch mit dem Bug im Riff feststeckte. Irgendwann jedoch waren die auf sie einwirkenden Kräfte zu groß: Dem Schiff wurde kurz vor den Aufbauten das Rückgrat gebrochen und der hintere Teil sackte ab-- in die Position, in der er auch heute noch zu finden ist. Der Bug hingegen wurde in den folgenden Jahrzehnten von der Brandung nahezu pulverisiert, Überreste von ihm sind kaum noch zu finden.

TAUCHREPORTAGE „NUMIDIA" TRAUM AUS SCHROTT UND KORALLEN

Die Brandung prügelt wütend auf die Nordspitze der Insel ein. Immer wieder rollen Wellen heran, brechen sich am vorgelagerten Riff der Brother Islands, um dann tosend in der schaumgekrönten Gischt zu sterben. Die Luft schmeckt salzig: Vom geschützten Ankerplatz des Tauchschiffs aus kämpft sich ein Schlauchboot langsam durch die Wellen, dorthin, wo die Brandung am heftigsten ist.

Laut ruft der Fahrer „three, two, one – go!", und sechs Taucher lassen sich rückwärts aus dem Boot fallen. Auf den ersten paar Metern fühlen sie sich noch wie in einer Waschmaschine, es geht rauf und runter. Dann beruhigt sich das Wasser allmählich und gibt den Blick frei auf ein Wrack, das wie eingeparkt an einem steil abfallenden Riffhang liegt. Die 137 Meter lange *Numidia* ist über und über mit Hart- und Weichkorallen bewachsen, die sich in der Strömung sanft hin- und herwiegen. Sie blüht förmlich. An einigen Stellen ist

nicht zu erkennen, wo das Wrack aufhört und das Riff anfängt. Der Frachter, der die englische Kolonie in Indien mit Ersatzteilen für Eisenbahnen versorgen sollte, ist 1901 auf die Insel mitten im Roten Meer, zwischen Ägypten und Saudi-Arabien, gelaufen und gesunken. Im Strömungsschatten geht es seitlich der Bordwand in tiefere Regionen hin zum Mast des Schiffes, der wie ein überdimensionierter Finger vom Wrack wegzeigt. Hier, in 50 Meter Tiefe, ist das Blau deutlich intensiver als in flacheren Bereichen, weniger vom hellen Sonnenlicht durchflutet.

Schüchterne Hammerhaie

Die Taucher sammeln sich an der Mastspitze, blicken von dort aus ins Freiwasser, vom Riff weg. „In den frühen Morgenstunden", so erzählte Tauchführerin Monika Hofbauer vor dem Tauchgang, „hat man immer die Chance, Hammerhaie zu sehen." Und tatsächlich: Wie auf Kommando taucht ein grauer Körper aus dem tiefen Blau auf. Mit gleichmäßigen Bewegungen seiner Schwanzflosse kommt der Hai mit der charakteristischen Kopfform langsam näher heran. Nicht aggressiv, eher neugierig wirkt das knapp drei Meter lange Tier. Einer der Taucher versucht noch, dichter heranzukommen, die Unterwasserkamera dabei fest in der Hand. Das ist anscheinend zu viel Nähe für den äußerst scheuen Räuber: Ein Zucken durchläuft den muskulösen Körper und weg ist er, abgetaucht in die für Sporttaucher unerreichbaren Tiefen des Roten Meeres.

Der piepsende Tauchcomputer mahnt zum Rückzug in höhere Gefilde. Die Laderäume, einst mit Eisenbahnteilen gefüllt, sind leer - ihre Ladung wurde bereits unmittelbar nach der Havarie geborgen. Auch in dieser Tiefe gibt es schon Korallen, die größer werden, je höher man steigt. Im Licht der Unterwasserlampen scheinen die Farben zu explodieren, von hellem Grün bis zu dunklem Purpur reichen die Schattierungen. Die Sicht ist phantastisch, selbst Wrackteile in 30 Meter Entfernung kann man noch klar erkennen. Dort, wo sich einst die Rettungsboote befanden,

tummeln sich jetzt rote Juwelenbarsche, betupft mit blaugrünen Punkten. Blankes Metall ist kaum noch zu sehen. In den mehr als hundert Jahren seit der Havarie ist die *Numidia* zu einem Teil des Riffes geworden; ihr heutiger Zustand ist das Ergebnis des Untergangs in einem der biologisch vielfältigsten Gebiete unseres Planeten.

Monika Hofbauer, damals Tauchführerin auf dem Safarischiff *Seven7Seas,* kennt das Rote Meer in- und auswendig und hält die „Numidia" für das absolute Highlight unter den Wracks: „Ob jemand Korallen, Haie oder Altmetall sehen möchte, hier kommt jeder auf seine Kosten. Es gibt kein anderes Wrack, an dem die Artenvielfalt so groß ist: Ich bin der *Numidia* rettungslos verfallen!" Während der Großteil der Gruppe weiter Ausschau nach Fischschwärmen hält, dringen zwei der Taucher vorsichtig in die Schiffsaufbauten ein. Von außen sind sie nur noch am Lichtkegel ihrer Tauchlampen zu orten, die auf der Suche nach interessanten Details hin- und herhuschen. „Ich bin wirklich beeindruckt, wie viel Leben es auch im Inneren des Wracks noch gibt", berichtet der

DiveInside-Redakteur Andreas Nowotny später. „Millionen von kleinen durchsichtigen Glasfischen, die sich zu Wolken verdichten, erst unmittelbar vor den Tauchern eine Lücke freigeben und sie danach sofort wieder schließen."

Das Innere des Eisenbahnwracks

Die beiden dringen noch tiefer ein, bis in den Maschinenraum, in dem das verrostete Herz des Frachters schon lange nicht mehr schlägt. Die Dreizylinder-Dampfmaschine mit ihren mächtigen Kesseln ist ein herrliches Stück Industriegeschichte aus dem frühen 20. Jahrhundert, eingebettet in verkrustete Leitungen, herabhängende Kabel und Handräder, an denen kein Mechaniker jemals wieder drehen wird.

Über Laufroste schwebend führt der Weg wieder aus dem Wrack hinaus. Überall drohen Rotfeuerfische, knapp 30 Zentimeter kleine Jäger mit Brustflossen, die wie große Fächer geformt sind, und Rückenstacheln, die ein Gift zur Verteidigung enthalten. Für Taucher ist der Kontakt mit ihnen nicht tödlich, jedoch äußerst schmerzhaft.

Hier, in lediglich 15 Meter Tiefe, ist die Welt der Stille keine mehr: Papageifische nagen an Hartkorallen, es kracht im Ohr, wenn sie kleinere Stücke abbrechen. Mit ihren Ausscheidungen düngen sie später das Riff und lassen es weiter wachsen – der perfekte Kreislauf der Natur.

Die Brandung hat im flacheren Bereich über ein Jahrhundert lang an dem Wrack ganze Arbeit geleistet, der Bug der *Numidia* wurde vollständig zwischen den Korallen zermahlen. Was ist noch Schiff, wo beginnt das Riff? Selbst Profis können das kaum noch feststellen. Ein Schwarm Barrakudas steht fast bewegungslos in der Strömung über dem Riffdach, nur die Schwanzflossen bewegen sich langsam hin und her. Für Taucher scheinen sie sich nicht zu interessieren, sie begegnen ihnen mit einem fast buddhistischen Gleichmut. Ganz anders ein vorwitziger Flötenfisch, der sich mit seinem lang gezogenen und silbrig schimmernden Körper dicht an die Pressluftflaschen heranschmiegt. Von hier aus schnellt er auf der Jagd nach kleineren Beutefischen blitzschnell hervor, die Taucher scheinen ihm dabei lediglich als Deckung zu dienen. Mit der Strömung treiben diese dann um die Riffspitze herum, wo das Meer langsam wieder ruhiger wird.

Während Monika Hofbauer zur Orientierung für den Schlauchbootfahrer eine Boje an die Wasseroberfläche setzt, absolviert der Rest in fünf Meter Tiefe seinen Sicherheitsstopp und sieht ein letztes Mal zur *Numidia* herüber: zu einem Schiff, das erst nach seinem Untergang so richtig zu leben begann.

Veröffentlicht am 02.10.2008 auf SPIEGEL ONLINE

TAUCHEN AN DER NUMIDIA

Abstiege an der *Numidia* gehören zu den schönsten Tauchgängen im Roten Meer, wenn nicht gar weltweit: „Sollte es jemals
einen Wettbewerb um die Bestimmung des schönsten Wracks
der Welt geben, würde die *Numidia* garantiert in die Endausschei-
dung kommen." Diesen Satz aus Ned Middletons wunderbaren
Wrackführer „Schlafende Schiffe" würden sicherlich die meisten Taucher unterschreiben, die die Numidia erkundet haben –
eine idealere Kombination aus faszinierendem Wrack, üppigem
Bewuchs, Großfisch und Riffleben ist nur schwerlich zu finden.
Doch oftmals verhindern die Wetterbedingungen, dass das Wrack
mit dem Schlauchboot überhaupt angefahren werden kann. Die
Numidia ist fast genau auf der Westspitze von Big Brother gesunken, einem Bereich, auf den die Brandung oft mit großer Wucht
einschlägt. Meterhohe Wellen erschweren eine sichere Anfahrt,
dazu liegt das Wrack im strömungsexponiertesten Teil des Riffes:
Den idealen Absetzpunkt für die Taucher zu finden, trennt bei
Guides und Zodiacfahrern die Könner von den Dilettanten.

Nach dem Sprung vom Schlauchboot treffen sich die Gruppen
in fünf bis zehn Meter Wassertiefe, um dann an der Backbordseite der *Numidia* tiefer zu sinken. Hier befindet man sich meist
im Strömungsschatten, die Atmung wird langsamer, der Puls
ruhiger. Unter den ausgeschwenkten Davids entlang tauchend,
an denen einst die Rettungsboote befestigt waren, steigt man
im Bereich der Aufbauten auf das Deck der *Numidia* und folgt
diesem in die Tiefe. Die Laderäume gleichen aufgerissenen Mündern, die Holzbeplankung ist bereits vor Jahrzehnten verrottet.
Erfahrene Tauchgruppen, die morgens als erste im Wasser sind,
sollten einen Abstieg zu dem vom Wrack ins Freiwasser ragenden
Lademast ins Auge fassen, auch wenn dieser unter der Tiefengrenze für Sporttaucher liegt – oftmals lassen sich von hier aus
Haie entdecken, die im tiefen Blau ihre Kreise ziehen. Meist sind

dies Graue Riffhaie, mit viel Glück lässt sich jedoch auch ein Bogenstirn-Hammerhai blicken und selbst Mantas wurden schon gesichtet. Doch auch ohne Begegnungen mit Großfischen wird es Tauchern an der *Numidia* nicht langweilig. Ob Reling, Mast, Winschen oder das Deck: Bereits in tieferen Bereichen verschlägt der Bewuchs den Atem, wenn sich Korallen in vielen Farben schillernd im Kegel der Tauchlampen aus dem Dämmerlicht schälen.

Zu lange jedoch sollte man sich nicht in den tieferen Regionen aufhalten und seine Atemvorräte verbrauchen, dafür ist der obere Bereich der *Numidia* viel zu interessant. In rund vierzig Meter Tiefe enden die Aufbauten des Wracks, Taucher stehen jetzt vor der Wahl: Drumherum aufsteigen oder mitten durch? Bei beiden Varianten sollte man sich Zeit lassen, überall tobt das Leben, gibt es etwas zu entdecken. Wer außen bleiben möchte, erkundet die Aufbauten am besten im Zickzackkurs, immer von Gangway zu Gangway schwenkend: Im Bereich der Davits ist die Holzbeplankung schon lange verschwunden, die skelettartige Deckenstruktur lässt einen Blick in das Innere des Schiffes zu. Die Gangways selber sind allesamt wunderschön bewachsen, zahlreiche Rotfeuerfische wuseln um die Hart- und Weichkorallen herum, jeder Meter der Reling ist ein Paradies für Biologen. Wenn man noch etwas höher steigt, weitet sich der Raum zwischen Wand und Reling und gibt oben die Überreste des Schornsteins frei. Kurz danach endet auch der unzerstörte Teil der Numidia, die Trümmer gehen nahtlos in die Riffstruktur über. Wo hört das Wrack auf, fängt das Riff an? Eines der Eisenbahnräder, welches über Jahre hinweg zu den beliebtesten Fotomotiven zählte, ist bei dem Versuch verschwunden, ein Safarischiff daran zu befestigen, damit die Taucher direkt von Bord aus zur *Numidia* absteigen können: Welch ein Wahnsinn.

Wer über eine dementsprechende Erfahrung verfügt, kann sich die Aufbauten des Wracks auch von innen anschauen. Natürlich muss man sich dabei vorsichtig bewegen, auf scharfkantige Teile achten und mit einer eng anliegender Ausrüstung die Gefahr vermindern, irgendwo hängen zu bleiben. Ansonsten aber handelt es sich um keinen besonders anspruchsvollen Einstieg: Die Räume sind weit, die Öffnungen zahlreich und von irgendwo scheint immer das Sonnenlicht hinein. Wenn man durch den unteren Teil der Aufbauten in das Innere eindringt, dient der mittlere Durchgang als Referenz, von dem aus Räume nach links und rechts abgehen und Durchbrüche eine Etage tiefer führen. Hier stößt man auch schnell auf die mächtige Dreizylinder-Dampfmaschine, die die *Numidia* einst befeuerte und die an ihren runden Kesseldeckeln leicht zu erkennen ist. Auch, wenn durch die diversen Öffnungen und Laufroste ständig Licht einfällt – eine Lampe bleibt unverzichtbar, alleine schon, um die ganzen Details in den dunkleren Ecken ausgiebig betrachten zu können. Ventile, Handräder, Leitungen, Laufroste und Geländer warten auf Besucher und lassen die Geschichte der *Numidia* vor dem inneren Auge wieder lebendig werden. So schlendert man langsam durch den Bauch des Schiffes, steigt dabei immer höher und verlässt das Wrack dann wieder wenige Meter über der Höhe des Schornsteins, beseelt von der Erkenntnis, soeben einen außergewöhnlichen Tauchgang absolviert zu haben.

Zum Abschluss umkurvt man häufig die westliche Spitze von Big Brother in Richtung des Wracks der *Aida*, um dort im vor der Brandung geschützten Bereich der Insel auftauchen zu können. Wer jetzt noch genügend Luft übrig hat, kann auf dem Plateau der Westspitze in rund 14 Meter Tiefe noch eine Zeit lang verweilen – selbst ausgebuffte Rotmeerexperten kennen kaum einen anderen Ort, der über einen solchen Fischreichtum verfügt, wie das kleine Plateau im Westen von Big Brother.

FAKTEN ZUM TAUCHGANG

Minimale Tiefe: 10 Meter
Maximale Tiefe: 85 Meter
Strömung: Häufig, zeitweise auch stark

Für Anfänger geeignet: Nein
Unbedingt anschauen:
Bewuchs, Mast, Aufbauten, Freiwasser

DAS WRACK
DER AIDA

Ihre Rumpfform war die eines Segelschiffes, auch wenn sie von einer Dreizylinder-Dampfmaschine angetrieben wurde. Ihr Schicksal war in einer Nacht des Jahres 1941 eng mit dem der *Rosalie Moller* und *Thistlegorm* verbunden. Ihre letzte Reise endete an Big Brother – und bis heute weis man nicht genau, welchem Zweck diese diente: Die *Aida* ist ein Wrack voller Geheimnisse.

75,1 Meter Länge, 9,7 Meter Breite, Wasserverdrängung 1428 Tonnen: Mit diesen Eckdaten versehen lief die *Aida* 1911 im französischen Nantes vom Stapel, bevor sie ihren Dienst als kombiniertes Fracht- und Passagierschiff antrat. Im Zweiten Weltkrieg dann unter britischer Admiralität fahrend, befand sie sich in den frühen Morgenstunden des 08. Oktober 1941 unweit der *Rosalie Moller* und wurde wie diese von einem deutschen Heinkel He111-Bomber angegriffen: Die *Aida* drohte ein ähnliches Schicksal zu erleiden wie die *Thistlegorm*, die zwei Tage zuvor versenkt wurde. Doch anders als die *Rosalie Moller*, die zur Zeit des Angriffs vor Anker lag, hatte die *Aida* bereits Fahrt aufgenommen und konnte dem Bombenangriff in letzter Sekunde durch eine Wendung hart nach Steuerbord entkommen. Mehr noch – die angreifende Maschine streifte ihren Schiffsmast, kam ins Trudeln und stürzte ins Meer. Vier der fünf Flugzeuginsassen konnten sich ans Ufer retten. Der Ort des Angriffs wurde in britischen Militärmitteilungen als „Zafarana-Ankerplatz" bezeichnet: Ein lohnendes Gebiet für Wracktaucher; irgendwo im Umkreis müssen die Überreste der Heinkel auf dem Meeresgrund liegen. In der Nachkriegszeit kam die *Aida* dann in den Besitz der ägyptischen Marine, wo sie bevorzugt als Truppentransporter eingesetzt wurde. Das alte Schiff, angetrieben von einer lediglich 229PS starken Maschine, näherte sich mit über 150 Mann an Bord am 15. September 1957 der Insel Big Brother – angeblich, um die Leuchtturmbesatzung auszutauschen und mit Proviant zu versorgen. Warum es deshalb einer Mannschaftsstärke im dreistelligen Bereich bedurfte, ist nur eine der ungelösten Fragen, die sich um das Schiff ranken. Beim Versuch, nahe des Steges zu ankern, nahm das Unglück dann seinen Lauf: Die *Aida* wurde von hohen Wellen mit dem Bug voran ans Riff getrieben und schrammte an diesem in Richtung der westlichen Spitze entlang. Trümmerstücke, die von der Havarie zeugen, sieht man noch heute oberhalb der Wasserlinie. Der Bug wurde durch die immensen Kräfte abgetrennt und der restliche Rumpf des Schiffes sackte in die Dunkelheit hinab, wo der unterste Teil in rund 60 Meter Tiefe schräg am Riffhang liegend Halt fand. Ihr Leben als Schiff wurde nach 46 Jahren beendet, ihre Karriere als Taucherattraktion konnte beginnen.

TAUCHEN AN DER AIDA

Im Gegensatz zum Wrack der *Numidia* kann die *Aida* auch bei schlechteren Wetterbedingungen angefahren werden. Ihre Lage zwischen dem Steg des Leuchtturmes und der Westspitze von Big Brother, unmittelbar in dem Bereich, wo die Insel wie eine kleine Bucht geformt ist, schützt die Absprungstelle die Taucher vor allzu heftiger Brandung. Schon kurz nach dem Abtauchen schälen sich die charakteristischen Umrisse des schräg am Riffhang liegenden Wracks aus dem Dämmerlicht der Tiefe. Der abgescherte vordere Schiffsbereich, die zur Seite ausgeschwenkten Davids, an denen einst die Rettungsboote befestigt waren und die seitliche Reling, vollständig mit Korallen bewachsen, verleihen ihr eine unverwechselbare Optik. Doch bei aller Faszination sollten Taucher an der *Aida* nicht vergessen, den Tauchcomputer und das Finimeter im Auge zu behalten: Der intakte Teil des Wracks beginnt erst in 28 Meter Tiefe, schnell verrinnt hier die Nullzeit und man kommt in den Bereich dekompressionspflichtiger Tauchgänge, die keinen direkten Aufstieg zur Oberfläche mehr zulassen. Der tiefste Punkt der *Aida*, Schiffspropeller und Ruderblatt, sind erst in über 60 Meter Tiefe zu finden und liegen somit weit außerhalb der erlaubten Grenze für Sporttaucher. Taucher mit Trimix können nochmals rund zehn Meter tiefer auf Spurensuche gehen – rund um das Wrack der *Aida* liegen auf dem Sandgrund verstreut noch einige Eisenbahnräder samt Achsen, die einst zur Ladung der *Numidia* gehörten und wohl durch starke Strömungen hierhin gelangt sind.

Das wunderschön geformte Heck mit seiner fast intakten und über und über mit Korallen behangenen Reling gehört zu den mystischsten Anblicken, die im Roten Meer zu finden sind. Traumhaft und wie verwunschen scheint dieser Ort. Ein Blick auf den Computer zeigt hier jedoch ganz reale 57 Meter Tiefe an – Zeit, um langsam über die Decks schwebend höher zu gleiten. Unmittelbar

oberhalb der Reling finden sich in der Mitte des Schiffes die Über-
bleibsel der Ruderanlage, bevor man an die Laderäume des Achterdecks gelangt. Ein Abstieg in diese hinein lohnt nicht, auch
wenn die bedeckende Holzbeplankung schon vor langer Zeit verrottet ist. Lieber sollte man seine Tauchzeit in die Begutachtung
der Reling und der zahlreichen Poller investieren, die mit einer
solch prächtigen Mischung aus Hart- und Weichkorallen besiedelt
sind, dass sie das Herz eines jeden Biologen erfreuen müssen.
Kurz, bevor man dann das hintere Ende der Aufbauten erreicht
hat, fällt mittschiffs eine imposante Winsch auf, mit der einstmals die Fracht der *Aida* über Ladebäume in die hinteren Laderäume gezogen wurde – sichtbar gemachte Technik des frühen
20. Jahrhunderts. Die Aufbauten selbst sind, eingegrenzt jeweils
durch eine Gangway auf beiden Seiten, in rund 38 Meter Tiefe
erreicht und laden zum Durchtauchen ein. Tausende Glasfische
säumen den Weg durch das Innere des Schiffes, überall dringt
Licht ein, tummeln sich Beilbauchfische in den dunklen Ecken. Die
Räume sind groß und einfach zu betauchen, der obere Ausgang
im zerstörten Bereich des Wracks befindet sich stets im Blickfeld der Taucher und so können diese in aller Ruhe die kleinen
Details bewundern, die es in dem Wrack zu entdecken gibt. Wer
lieber draußen bleiben möchte, sollte beim Aufstieg den Weg über
die deutlich attraktivere Steuerbordseite wählen: Weichkorallen
schimmern Purpur im Lichtkegel der Taucherlampen, Glasfische
prügeln sich mit Fahnenbarschen um jeden noch so kleinen Fleck
und das Wrack selbst stellt lediglich eine Bühne dar, auf der Flora
und Fauna längst die Hauptdarsteller geworden sind.

Ob über die Gangway oder durch die Aufbauten hindurch: Zehn
Meter höher endet das Wrack und die Taucher können anfangen, sich mit dem langsamen Abbau des eingeatmeten Stickstoff
zu beschäftigen. Wer oberhalb der Aida bis in den Zehn-Meter-
Bereich aufsteigt, findet den Maschinenblock am Riff thronend,
von den Gewalten aufgestellt wie ein stählernes Monument. Es
ist egal, ob des Tauchers Hauptaugenmerk der Fischwelt, den

Korallen oder dem Wrack selbst gilt – ein Tauchgang an der *Aida* ist etwas ganz Besonderes: Nicht nur beim ersten Mal, sondern immer wieder.

 FAKTEN ZUM TAUCHGANG

Minimale Tiefe: 28 Meter

Maximale Tiefe: 60 Meter

Strömung: Zeitweise

Für Anfänger geeignet: Nein

Unbedingt anschauen: Bewuchs, Reling, Innenbereiche, Gangway steuerbords

LITTLE BROTHER

Jemand, der hier noch nie seinen Kopf unter Wasser gesteckt hat, würde den „Kleinen Bruder" beim ersten Anblick spontan zu den hässlichsten Inseln zählen, die unser Planet zu bieten hat. Klein, flach und mit einer Kargheit geschlagen, die einem mitleidsvoll zur Gießkanne greifen lassen möchte. Was für eine Diskrepanz jedoch zu dem, was sich dann unter Wasser abspielt: Steile Wände ziehen sich um die Insel herum, die in 50 bis 80 Metern Tiefe von einem schmalen Saumriff umgeben ist.

Nischen, Spalten und Einkerbungen überall, dazu die prächtigsten Gorgonien und Weichkorallen, die das Rote Meer zu bieten hat. Nordwestlich läuft die Insel dann zu einem Plateau aus, welches bis knapp unter die Wasseroberfläche reicht – leicht zu erkennen an der Brandung, die sich dort bricht. In gut 40 Meter Tiefe schiebt sich eine Nase vom Riff hinaus ins Freiwasser, die eine Putzerstation beheimatet und die den vielleicht haisichersten Tauchplatz in Ägypten darstellt: Alleine hier könnte man schon einen mehrtägigen Tauchurlaub verbringen.

Rund anderthalb Kilometer südöstlich von Big Brother gelegen, bietet dessen kleineres Pendant die vielleicht noch spektakuläreren Tauchgangsvarianten für Pressluftjunkies an. Ob es um den Korallenbewuchs, das Fischaufkommen oder die Chancen auf Haisichtungen geht: Little Brother gehört in seiner Gesamtheit nicht nur zu den besten Tauchspots in Ägypten, sondern gar weltweit. Die Insel, die bei einem extrem flachen Tauchgang fast umrundet werden kann, ist ein Anziehungspunkt für alles, was im Roten Meer Rang und Namen hat. Jeder Tauchgang ist anders, jeder Tag bringt neue Überraschungen und sicher ist nur die Ungewissheit – unter Wasser ist alles möglich, von Hammerhaien über Mantas, von Nacktschnecke bis Delfin, von tobender Strömung bis hin zu den relaxtesten Bedingungen. Man kann die Brothers auch in Ruhe genießen, beispielsweise vom Schiff aus tauchend oder mit der Fotokamera im vom Licht durchfluteten oberen Riffbereich nach Makromotiven suchend. Wer den kleinen Bruder jedoch in seiner kompletten Vollständigkeit entdecken will, muss ihn sich erkämpfen. Alleine schon die Fahrten im Zodiac in Richtung Norden und Westen sind nichts für Zartbesaitete, insbesondere dann, wenn die Wellen mal wieder etwas höher sind und die Brandung tosend und mit voller Wucht auf das Riffdach trifft. Doch schon in zehn Meter Tiefe ist davon meist nichts mehr zu spüren und das Rote Meer fängt wieder an, die Taucher gastfreundlich und mit offenen Armen zu empfangen.

Die komplette Südostseite dagegen ist deutlich besser vor Wellen geschützt, hier liegen auch die Safarischiffe vor Anker. Auch für die Bewertung des Guides an Bord ist Little Brother ein guter Gradmesser: Bietet er den Gästen lediglich eine Tauchgangsvariante an oder mehrere, aufgeteilt nach Können und Vorlieben? Kennt er die „special places" oder taucht er einfach nur seinen Stiefel ab? Versucht er, den Tauchausfahrten der anderen Schiffe zu entgehen oder nimmt er der Einfachheit halber in Kauf, dass seine Gäste sich unter Wasser an der doch recht kleinen Insel mit den Kunden der anderen Schiffe um die besten Plätze streiten können? Nicht verübeln sollte man ihm dagegen, wenn die Strömung an den Tauchplätzen mal anders verläuft, als von ihm in seinen Briefings vermutet – man muss schon sehr tief in die Kristallkugel schauen, um diese an den Brothers zuverlässig voraussagen zu können.

TAUCHEN AN DER NORDWESTSEITE

Der Tauchgang am vorgelagerten Plateau führt geradewegs in die Idylle. Weichkorallen und allerlei Schwarmfische säumen den Weg hinunter auf einen kleinen Vorsprung, der in den Briefings an Bord häufig als „Sharkpoint" bezeichnet wird. Zu Recht! Wer hier tauchen möchte, darf mit schnellen Abstiegen allerdings kein Problem haben: Man ist anfangs der Brandung recht schutzlos ausgesetzt und Taucher, die Probleme mit dem Druckausgleich bekommen, drohen auf das Riffdach geworfen zu werden. Auch die Strömung kann Probleme bereiten und mehr als einmal ist es schon vorgekommen, dass Tauchgruppen hier auseinander gerissen werden – der eine Teil findet sich auf der Nordseite wieder, der andere im Süden. Wer allerdings das schmale Plateau in rund 40 Meter Tiefe erreicht hat, bekommt mit ein bisschen Glück einen Anblick geboten, der allen Erwartungen gerecht wird.

Graue Riffhaie stehen inmitten der Strömung oder lassen sich an der Putzerstation reinigen, vollkommer unbeeindruckt durch die Taucher, die diesem Schauspiel folgen. Ab und zu gesellt sich der Umriss eines Hammerhaies dazu, auch Seidenhaie wurden schon beobachtet. Bei aller Faszination sollte man jedoch auch Finimeter und Computer im Auge behalten: Der Anblick lässt den Luftverbrauch schnell nach oben schnellen und längere Verweildauern auf 40 Meter Tiefe sind alles andere als nullzeitfreundlich. Doch obwohl der Sharkpoint einen der besten Spots für Haisichtungen im Roten Meer darstellt, eine Garantie darauf bekommt man nicht. Wenn die grauen Jäger einmal durch Abwesenheit glänzen, sollte man sich bei entsprechendem Strömungsverlauf an der Nordseite der Insel entlang treiben lassen. Kurz hinter der Biegung wartet eine Reihe großer Gorgonien auf die Taucher, der dicht darauf eine Doppelreihe folgt. Spätestens ab jetzt sollte jeder zweite Blick ins Freiwasser gerichtet werden: Sind die Haie nicht am Plateau, ziehen sie meist hier ihre Bahnen.

Auch ohne vorherigen Abstecher an den Sharkpoint ist diese Seite mehrere Tauchgänge wert, insbesondere in den späten Nachmittagsstunden, wenn das Licht beginnt, dämmrig zu werden und das große Fressen beginnt. Dann drücken sie sich in großen Schwärmen an die schützende Riffwand – die blauen Füsiliere, die Großmaulmakrelen, die schwarzen Schnapper. Stachelmakrelen stoßen auf der Suche nach Beute durch die Schwärme hindurch, Hundezahn-Thunfische von knapp zwei Meter Länge beteiligen sich an der Jagd und sogar Gelbflossen-Thunfische wurden in den letzten Jahren wieder häufiger gesehen. Auf dem Riffdach richten

sich Barrakudas aus, schnellen wie von einer Sehne losgelassen in das Gewusel der Fische hinein. Als Taucher kann man sich das Ganze regungslos verharrend anschauen oder langsam daran vorbeischweben, bis sich die nächste Attraktion ins Blickfeld schiebt: Der Gorgonienwald. Wer von Sharkpoint aus kommt, wird hier – kurz bevor die Ecke Richtung Südostseite kommt – wahrscheinlich schon in flacheren Gefilden langsam austauchen. Es wäre jedoch schade, dieser enormen Ansammlung von Gorgonien, von denen etliche mehrere Meter im Durchmesser erreichen, nur wenig Zeit zu widmen. Wie unzählige Fächer wachsen sie vom Riff weg, riesig und filigran zugleich. Sie sind an der Riffbildung nicht beteiligt, sondern wachsen lediglich in Richtung des Freiwassers, wo sie aus der Strömung heraus ihre Nahrung einfangen. Um sie herum wuseln hunderte Fahnenbarsche und

wer noch nie einen Langnasenbüschelbarsch vor die Kamera bekommen hat, sollte hier fündig werden: Der scheue Fisch, der im Licht der Tauchlampen grellrot leuchtet, findet in ihrem Geflecht eine ideale Deckung.

FAKTEN ZUM TAUCHGANG

Optimaler Tiefenbereich:
Bis 40 Meter
Strömung: Zeitweise,
am Sharkpoint oft
auch heftiger

Für Anfänger geeignet:
Stark eingeschränkt, nur bei
erstklassigen Bedingungen
Unbedingt anschauen:
Sharkpoint, Fischleben,
Gorgonienwald

TAUCHEN AN DER SÜDOSTSEITE

Auch diesen Tauchgang kann man am Sharkpoint beginnen und folgt anschließend einfach der südlichen Seite. Die meisten Diveguides favorisieren diese Route: Der Bereich liegt auf der von der Brandung abgewandten Inselseite, so dass ein Aufstieg an die Oberfläche jederzeit möglich ist, sobald man das Plateau hinter sich gelassen hat und sich im Schatten der Insel befindet. Haibegegnungen sind im Süden etwas seltener, dafür wirkt das Riff von der Topographie her noch interessanter als sein nördliches Gegenstück. Über die komplette Länge ziehen sich kleine Höhlen und Einkerbungen, Überhänge und Spalten, die einer Unzahl an Meeresbewohnern als Zufluchtsstätten dienen. Wimpelfische schmiegen sich meist paarweise an die steil abfallende Wand, Riesenmuränen blicken aus ihren Löchern hervor und ganze Scharen von Barakudas streifen im Blauwasser vorbei.

Fotografen sollten den dritten Tauchgang des Tages unbedingt vormerken: Das Licht fällt denn ideal auf den südlichen Teil des Riffes und bringt die Farben zum Leuchten, die Strömung hat nachgelassen und Motive finden sich zu Hunderten. Weichkorallen bedecken ganze Teile der Steilwand und meist sind in dem Bereich auch Schildkröten zu finden, denen die Weichkoralle als leicht zu ergatternder Snack dient. Im flacheren Gewässern zwischen fünf und 15 Metern scheint das Riff vor Fischreichtum förmlich zu explodieren; es gibt unzählige Anemonen mit ihren Anemonenfischen, die dank Hollywood jetzt wohl überall „Nemo" heißen. Wer sich vorher die Anordnungen der ankernden Safarischiffe und die Farben der Taue gemerkt hat, sollte problemlos selbstständig zum Schiff zurückfinden – vorausgesetzt, die Strömung fällt an diesen Tage nicht allzu heftig aus.

Eine andere Tauchgangsvariante, die zudem noch eine Überraschung bereithält, beginnt ganz relax mit dem Sprung vom ankernden Safarischiff aus. An der Riffwand angekommen, wendet man sich dem östlichen Ende von Little Brother zu und taucht recht zügig auf gut 30 Meter Tiefe ab. Kurz hinter der Ecke, wo die Südseite auf das östliche Ende trifft, findet man dann eine kleine Grotte, deren Boden mit Korallensand bedeckt ist und in der sich maximal drei Personen hinknien können. Ihr Auffinden ist nicht ganz einfach – von unten betrachtet wirkt sie lediglich wie eine Einkerbung, von oben kann man sie dank eines Überhanges kaum orten. Sie ist aber gerade dann, wenn alle anderen mit dem Schlauchboot in Richtung Sharkpoint fahren, eine lohnenswerte Alternative. Man kniet sich in die Grotte und fängt an, mit dem Messer oder einem Stein an der unbewachsenen Decke zu kratzen. Manchmal passiert gar nichts, manchmal jedoch gibt es Haiking vom Feinsten. Bei einem Tauchgang im August 2008 haben wir einmal sieben Haie nebeneinander gezählt, darunter drei unterschiedliche Arten: Vier Graue Riffhaie, ein Seidenhai und zwei Fuchshaie. Ein bisschen Geduld muss man schon mitbringen, die Bedingungen dafür jedoch sind einfach – akzeptable Tiefe, keine Kraftanstrengung, wenig Luftverbrauch: Ein wie für Nitrox geschaffener Tauchgang. Der Eingang der Grotte ist mit einer kleinen Gorgonie und Weichkorallen nett bewachsen und nachfolgende Taucher werden es einem danken, wenn man bei Ein- und Ausstieg Vorsicht walten lässt. Sobald man die Grotte wieder verlassen hat, lohnt der Blick zurück auf tausende kleine Luftblasen, die sich durch winzige Löcher in der Decke den Weg nach oben erkämpft haben. Am Riff selber halten sich dann häufig ein großer und ein kleiner Napoleon-Lippfisch auf, wobei sich das ausgewachsene Exemplar Tauchern gegenüber äußerst anhänglich zeigt. Diese sollten, wieder am Safariboot angekommen, die Aufmerksamkeit auf das sie umgebende Freiwasser richten, wo gerade in den Sommermonaten oftmals Weißspitzen-Hochseehaie unter den Booten kreisen.

 FAKTEN ZUM TAUCHGANG

Optimaler Tiefenbereich:
Bis 40 Meter
Strömung: Zeitweise, in den Nachmittagsstunden meist nachlassend

Für Anfänger geeignet:
Mit Einschränkungen ja
Unbedingt anschauen: Komplette Riffwand, Fischleben, Weichkorallen, Haigrotte

DAEDALUS REEF

Kein Verkehrschaos, kein Handyempfang, keine Schuhe an
den Füßen. Dafür ein Riff, ein Leuchtturm – und drum herum
tiefblaues Wasser. Große Freiheit: hier, bei Daedalus, ist sie fast
mit Händen zu greifen. Lange Zeit stand das Riff im Schatten
der rund sieben Bootsstunden entfernt liegenden Brother-Inseln,
erst in den letzten fünf Jahren hat es unter Tauchern jene Bedeutung erlangt, die es von der Qualität der Tauchspots her schon
lange verdient hätte. Wie ein Wächter sitzt der 1863 von der

französischen Firma *Barbier, Bénard & Turenne* erbaute Leucht-turm auf dem Riffdach, ein langer Steg verbindet ihn mit der Riffkante. Ebenso wie sein viktorianisches Gegenstück bei Big Brother ist auch er einen Abstecher wert – gerade dann, wenn Besucher der ägyptischen Besatzung ein kleines Mitbringsel überreichen. Eine Packung Zigaretten, ein Kugelschreiber, und schon kommt man in den Genuss ägyptischer Gastfreundschaft: individuelle Führungen und ein Glas Tee inklusive. Doch wer nach Daedalus kommt, kommt selten nur wegen des Leuchtturmes. Es sind die grauen Könige des Roten Meeres, die die Anziehungs-kraft des Riffes ausmachen – Hammerhaie, die man dort in einer standorttreuen Gruppe findet.

Aber auch abgesehen von den Hammerhaien findet man an Daedalus alles, was einen Top-Spot im Roten Meer ausmacht: Intakte Korallen- und Anemonenfelder, Schwarmfisch in Massen, große Schulen von Barrakudas, riesige Hartkorallen und etliche Haiarten: Neben den Bogenstirn-Hammerhaien sichtet man mit ein wenig Glück auch Fuchshaie, den Longimanus und Graue Riffhaie, die hier häufig paarweise auftreten. Und so ist Daedalus auch nicht als pure Ergänzung zu den Erother Islands zu sehen, sondern als Riff, welches für sich alleine betrachtet schon eine einwöchige Reise rechtfertigen würde.

TAUCHEN BEI DAEDALUS

Die besten Chancen auf eine Begegnung mit den „behämmerten" Räubern haben Taucher, die sich vom Zodiac an der nordöstlichen Ecke des Riffes absetzen lassen und dann in 25 bis 35 Meter Tiefe einen Zickzackkurs einschlagen: Weg von der Riffwand ins Blauwasser, langsam wieder zurück, dann wieder Kurs in Richtung Freiwasser. Ideal ist, wenn die Taucher dabei eng beieinander bleiben und die gleiche Höhe halten: Bogenstirn-Hammerhaie sind scheue Gesellen, eine auf zehn Meter Höhe verteilte Wand aus Leibern und Blasen schreckt sie nur ab. Wenn man sie einmal gesichtet hat, heißt es warten, nur nicht hinterher tauchen. Das Rudel schwimmt häufig Bahnen in Form einer Acht und kehrt meist wenige Minuten später an den Kontaktpunkt zurück. Die meisten Exemplare sind zwischen zwei und drei Meter lang und scheinen sich für Taucher – sofern sie nicht bedrängt werden – kaum zu interessieren. Bei aller Faszination sollte man dabei das Riff jedoch nicht aus den Augen verlieren: Das Tauchen im Blauwasser stellt hohe Anforderungen an das Orientierungsvermögen und bereits eine leichte Strömung kann dafür sorgen, dass man hoffnungslos vom Riff abgetrieben wird, sobald die optische Referenz fehlt. Das sichere Setzen einer Boje sollte bei Daedalus, wie an jedem küstenfernen Riff, von allen Tauchern beherrscht werden.

In Tiefen zwischen 80 und 110 Metern liegt für technische Taucher im Nordosten auch noch eine weitere Attraktion: Die 1876 auf ihrer Fahrt nach Bombay gesunkene *Zealot*. Entdeckt hat sie der Deutsche Markus Lohr, als er in dem Bereich auf der Suche nach Hammerhaien war. Der Rumpf ist in der Mitte auseinander gebrochen, ganze Trümmerfelder liegen um das Wrack herum. Grant Searanke, neuseeländischer Guide auf der *Hurricane* (ein Safariboot der *Tornado Marine Fleet*, welches dem Ägypter Ayman Mousa gehört und besonders gut auf Wracktaucher eingestellt ist), beschrieb die *Zealot* mir gegenüber wie folgt: „Stell dir die *Carnatic* bei Abu Nuhas vor, nur deutlich stärker zerstört, dann hast du in etwa ein Bild von der *Zealot*."

Ebenso interessant wie der Nordosten ist ein Abstieg an der nordwestlichen Ecke. Wer vorher in einem Bestimmungsbuch die Fisch- und Pflanzenwelt des Roten Meeres auswendig gelernt hat, wird an der Steilwand fast alles wiederentdecken, was in den Buchseiten beschrieben steht: Schildkröten, Barrakudas, Langnasenbüschelbarsche, Feuerkorallen, Weichkorallen, Peitschenkorallen und jede Menge Schwarmfisch. Dazu kommt dann noch die größte Ansammlung von Anemonenfischen, die das Rote Meer zu bieten hat. Als hätte ein Gärtner einen riesigen Kübel voll mit Anemonen ausgeschüttet, zieht sich ein Feld von zehn Meter Breite im Flachwasserbereich beginnend bis in gut 15 Meter Tiefe. Biologisch interessierte Taucher freut der Anblick: In manchen Anemonen haben direkt mehrere Arten der kleinen „Nemos" ein Zuhause gefunden, welche sie nun mit dem ganzen Einsatz ihrer bis zu 15 Zentimeter Körperlänge verteidigen. Für sie ist jeder ein Feind, der sich ihrer Behausung nähert – ob Drückerfisch oder Schildkröte, ob Flötenfisch oder Taucher, spielt dabei keine Rolle. Mit dem Riff linke Schulter taucht man dann weiter in Richtung des ankernden Safaribootes. Der schönste Bereich liegt hierbei zwischen zehn und 25 Metern, es ist wie ein gemütlicher Spaziergang durch „Octopus Garden". Hornhechte, Barsche und Wimpelfische flankieren den Weg, ab und zu schauen Barrakudas vorbei, lässt sich ein Grauer Riffhai blicken. Bis man dann eine Hartkoralle erreicht, für die das Wort „mächtig" noch eine Untertreibung darstellt. Das Ding, welches wie eine umgedrehte Teetasse auf das Riff gestülpt ist, ist ein wahres Monstrum ihrer Gattung, mehrere Meter hoch und breit: Die Mutter aller Hartkorallen.

Wenn man am zweiten Tag vor Ort mal die Nase voll hat von den teilweise ermüdenden Ausfahrten mit dem Schlauchboot, stellt ein Tauchgang direkt vom Boot aus eine lohnenswerte Alternative dar. In einer Tiefe zwischen 30 und 45 Metern liegt direkt unter dem Ankerplatz ein Plateau, welches mit mehreren kleinen Ergs besetzt ist. Riffbarsche, Muränen, Rotfeuerfische und Nacktschnecken lassen sich hier an jeder Ecke finden. Wem dagegen eher der Sinn nach Großfisch steht, sollte das Plateau bis zur Abbruchkante überqueren, an der das Riff dann ins Bodenlose abfällt. Thunfisch- und Makrelenschwärme sichtet man hier häufiger, mit ein wenig Glück lassen sich auch Fuchshaie blicken, die mit ihrer langen oberen Schwanzflosse zu den elegantesten Schwimmern überhaupt gehören. Fuchshaie gelten als sehr scheu und für Taucher nicht als gefährlich – bei einer Begegnung ist also ruhiges Verharren und Genießen angesagt. Sobald der Luftvorrat zum Rückzug mahnt, geht es über das Plateau wieder in Richtung der Ankerseile. Auch hierbei sollte man die Augen offenhalten: Begegnungen mit den imposanten Napoleon-Lippfischen sind eher die Regel denn die Ausnahme. Direkt unter den Booten ist dann oftmals wieder ein erhöhter Adrenalinausstoß angesagt: Nirgendwo an Daedalus sind die Chancen besser, auf den Weißspitzen-Hochseehai, den Longimanus, zu treffen. Und irgendwie haben Taucher, denen der graue Räuber direkt unter dem Safarischiff begegnet ist, später oftmals ein leicht schadenfrohes Grinsen im Gesicht: Gerade dann, wenn die Anderen an Bord erfolglos im Norden auf Hammerhaisuche waren.

 FAKTEN ZUM TAUCHGANG

Optimaler Tiefenbereich:
Bis 40 Meter
Strömung: Zeitweise
Für Anfänger geeignet:
Nur bedingt

Unbedingt anschauen:
Fischleben, Steilwände,
Anemonenfeld, Hammerhaie

TAUCHSATIRE: ROSWITHA PART II

DER SILBERRÜCKEN

Sie hat diskutiert, gejammert, hat gegen Strömungen und unbelehrbare Alttaucher gekämpft, das Safarischiff zur persönlichen Wellness-Oase gemacht und nie aufgegeben. Jetzt ist sie wieder da, auf ihrer zweiten Safari, und wenn Nina Ruge mit an Bord wäre, würde sie sagen: „Alles wird gut". Für einen Journalisten ist dies eine dankbare Aufgabe: Man ist nicht Teil des Geschehens, aber ganz dicht dran. Man muss nicht handeln, sondern nur beobachten – gerade dann, wenn Roswitha in der hölzernen Arena auf ihren natürlichen Erzfeind trifft.

Die schmale Holzplanke ist das Einzige, was sie noch von dem gebuchten Schiff fernhält. Vorsichtig schiebt sie das rechte Bein vor, während das linke sich noch nicht so ganz vom sicheren Festland lösen will. Helfende Hände von vorne, helfende Hände von hinten, ein wenig ziehen, ein wenig schubsen, dann fünf tapsige Schritte mit pendelndem Oberkörper: Eine Legende kehrt zurück! Und sie ist nicht alleine, ein blasses Männchen von der Farbgebung eines Camembert begleitet sie diesmal. Sie trägt die Verantwortung, er ihre Handtasche und den schönen Namen Erwin. Dem Tourguide steht die Vorfreude schon ins Gesicht geschrieben, während sie beiden Kabine und Salon inspizieren. Ihre Stimme schnattert über das Deck, konstant in einer einzigen Tonlage, fast wie ein Tinnitus. Für den Journalisten ist es nun an der Zeit, die ersten Zeilen ins Notizheft zu kritzeln:

„Während das Tauchwelpenweibchen sich mit der neuen Umgebung vertraut macht, bereitet der

Weißwadenrüde schon ihr Equipment vor. Unbeholfen sind noch seine Bewegungen, mit denen er den Atemregler an die Flasche schraubt, jedoch von einer grenzenlosen Zuversicht durchdrungen."

All die Dinge, die auf der ersten Tour so ein klein wenig aus dem Ruder gelaufen sind, sollen Roswitha nun nicht mehr passieren. Sie ist eine Andere, kompetenter und erfahrener. Untrügliche Indizien weisen darauf hin, dass sie diesmal deutlich besser vorbereitet ist: Aus ihrer Handtasche ragt neben der *Gala* und *Glamour* auch ein Exemplar der *tauchen* und *unterwasser* hervor. Außerdem absolviert sie gerade eine Ausbildung zum Divemaster, weil sie es als ihre Aufgabe betrachtet, ihr „erworbenes Wissen an Anfänger weiter zu geben." Aus ihrem Mund klingt das ähnlich edel, als wenn sie sich zukünftig um Waisenkinder in Ruanda kümmern wollte. Toll.

Auftritt des Silberrückens

Am Kai bricht Hektik aus, die letzten Gäste sind angekommen. Und unter ihnen, herausragend wie ein Monument, steht er, der natürliche Feind sämtlicher Roswithas: Ein Seebär mit gestutztem Vollbart und dem abgewetzten Taucher-T-Shirt eines Vereines an der Ostseeküste. Wahrscheinlich ist er schon mit Admiral Nelson zur See gefahren und hat anschließend Hans Hass das Tauchen gelehrt. Die Planke meistert er mit sicherem Schritt, es fehlt eigentlich nur, dass er seinen Tauchrucksack noch geschultert trägt. Eintrag ins Notizbuch:

„Das neue Exemplar wirkt wie ein Gorilla unter lauter Schimpansen. Er scheint der Mächtigste seiner Art zu sein, der unbesiegbare Silberrücken! Wahrscheinlich raucht er Roth Händle ohne Filter und frisst kleine Kinder."

Nach der abendlichen Fütterung – die erstaunlicher Weise ohne Komplikationen abläuft – bittet der Guide zum Bordbriefing. Roswitha will als Erstes wissen, wie man in der Kabine DVD schauen kann; Theo, der Silberrücken, wo der Sauerstoff steht. Als der Guide was von „40 Meter sind genug" sagt, hört man, wie Theo ein Schnauben aus seinen imposanten Nüstern entfährt, welches fast wie ein Stichwort auf Roswitha wirkt: „Die schönsten Sachen sieht man eh in flacheren Bereichen und in der Tiefe hat man ja auch kaum Nullzeit." Langsam schwenkt Theo sein mächtiges Haupt in ihre Richtung und sieht sie vollkommen verständnislos an: Nullzeit? Eine Sprache, die ihm ähnlich fremd ist wie Suaheli. Ich versuche, die Stimmung ein wenig aufzulockern und biete an, für Roswitha und Theo zu übersetzen: „Schließlich bin ich ja zweisprachig aufgewachsen." Was ich noch recht lustig finde, kommt bei den Beiden nicht wirklich an. Dann meldet sich auch noch der Weißwadenrüde zu Wort: „Roswitha weiß schon, wovon sie redet. Da misch du dich besser mal nicht ein." Beim letzten Satz schiebt er zusätzlich die Hühnerbrust nach vorne, um seinen Worten Nachdruck zu verleihen. Später notiere ich dazu:

„Der Weißwadenrüde legt sich, ähnlich wie der Clownfisch, bei Bedrohung seiner Anemone auch mit deutlich größeren Lebewesen an. Wenn er mal ausgewachsen ist, mutiert er wahrscheinlich zum Pinscher."

Fickende Welpen

Es ist Schlafenszeit und ich habe den idealen Beobachtungsposten erwischt: Die Kabine zwischen dem Gehege des Silberrückens und dem Körbchen der Welpen-Rüder-Fraktion. Doch irgendwie ist an Schlaf nicht zu denken: Durch die extrem dünne Sperrholztrennung der einzelnen Kabinen dringen Geräusche, die mich zuerst an „Seekrank im Hafen" erinnern, später jedoch eindeutig einem Kopulationsakt zuzuordnen sind. Roswitha erweist sich dabei der verneinenden Spezies zugehörig. Es gibt die bejahende („ja, ja, ja"), die himmlische („oh mein Gott, oh mein Gott") und eben die verneinende („nein, nein, nein"). Vielleicht liegt das aber auch am Weißwadenrüden.

Der Diesel rumort, das Bett wackelt ein wenig, kein Zweifel: Beim Aufwachen sind wir bereits auf hoher See. Mit der ersten Tasse Kaffee in der Hand geht es aus dem Salon hinaus auf die Taucherplatform - genau zum rechten Zeitpunkt. Langsam schreitet der Silberrücken mit prüfendem Blick die Reihen des Equipments ab wie einst Rommel seine Linien, in der rechten Hand glüht ein Zigarillo. Beim Blick auf Roswithas Indeflator-Jacket verharrt er dann kurz, bevor ein leichtes Kopfschütteln die fein definierte Aussage „So ein

Scheiß!" unterstützt. Als es dann in meinem Rücken lautstark hüstelt, ist klar: Die erste Konfrontation steht unmittelbar bevor!

„Das Halten zweier wesensfremder Arten auf einem begrenzten Gehege kann zu Komplikationen führen. Bei Revierstreitigkeiten stoßen beide Drohlaute aus, die beim Silberrücken stark nach „Aufgrund meiner Erfahrung weiß ich, dass..." und beim Tauchwelpenweibchen nach „Mein Tauchlehrer sagt aber, dass..." klingen. So eine

Tauchsafari ist für Verhaltensforscher ähnlich gewinnbringend wie es der Besuch Galapagos einst für Darwin war. Auf engem Raum, abgeschieden von der Außenwelt und vollkommen auf sich gestellt, lässt sich prima beobachten, was passiert, wenn konträre Welten aufeinander prallen – und bis jetzt waren wir noch nicht mal Tauchen ...

Veröffentlicht in Divelnside
Ausgabe 09/09

ELPHINSTONE

Es sind rund elf Kilometer, die das Festland oberhalb von Marsa Alam von einem länglichen Riff trennen, bei dessen Namensgebung ein britischer General und Vizekönig von Indien Pate stand: Elphinstone. Vor einem Jahrzehnt, als Ägyptens Süden noch nicht dicht an dicht mit Tauchbasen besiedelt war und nur wenige Safariboote von dort operierten, hatte Elphinstone einen Ruf wie Donnerhall, vergleichbar nur mit den Brother Islands.

Dieser Ruf ist mittlerweile gründlich ruiniert: Durch ganze Taucher-
rudel, um die man hier kaum noch herumkommt sowie durch Berichte in Tauchmedien, die aus dem 450 Meter langen Riff oftmals
etwas machen wollen, was Elphinstone nicht ist und wohl auch niemals war, – einen gefährlichen Tauchplatz. Doch wer ohne Vorur-
teile hier hin kommt und den Massen ein wenig aus dem Weg geht,
wird an Elphinstone finden, was für küstenferne Riffe in Ägypten
so typisch ist – Steilwandtauchen der Extraklasse.

Der Charakter dieses Tauchplatzes ist ebenso vielschichtig wie
die Bedingungen, die man hier vorfindet: Es gibt Tage mit mittel-
starker Strömung und solche, an denen sich das Meer ganz still
und friedlich gibt. Es gibt Tage, an denen man direkt mehrere Haie

antrifft und solche, an denen sich kein einziger blicken lässt – wobei letztgenannte leider deutlich in der Überzahl sind. Und es gibt Tage, an denen man fast alleine hier ist und solche, wo sich neben den ganzen Tagesbooten auch noch die Safarischiffe tummeln: meist am Freitag oder Mittwoch, wenn sie aus Port Ghalib ausgelaufen sind oder kurz vor ihrer Rückkehr in den Hafen stehen. In Internetforen besonders beliebt ist auch die Frage, zu welcher Jahreszeit man an Elphinstone die meisten Haie zu sehen bekommt. Ganz pauschal betrachtet sind März bis Mai immer gute Monate für Haisichtungen, wohingegen man von Anfang Juli bis Ende September eher schlechte Karten hat. Oktober und November gelten dann als idealer Zeitraum, um den Weißspitzen-Hochseehai vor die Maske zu bekommen. Doch dummer Weise hält sich die Natur häufig nicht an pauschale Betrachtungsweisen, brauchen Taucher meist vor allem eines: Glück. Trösten mag dabei der Gedanke, dass Elphinstone auch ohne Haisichtungen allerhand zu bieten hat, angefangen von seinen Fischschwärmen über dem fantastischen Bewuchs bis hin zu den Durchbrüchen, die zwar von der Tiefe her außerhalb dessen liegen, was Sporttauchern in Ägypten noch erlaubt ist, aber dennoch zum Ziel vieler Pressluftjünger geworden sind. Besonders populär ist dabei der Torbogen im Südplateau, oft auch „The Arch" oder „Sarkophag" genannt. Sein deutlich kleineres Pendant im Norden dagegen ist nur wenigen Rotmeerkennern bekannt.

TAUCHEN AM SÜDPLATEAU

Wie kreischende Wildschweine auf Ecstasy jagen sie über die Oberfläche: Zodiacs und Speedboote, deren Fahrer die Taucher-rudel absetzen und später wieder einsammeln. Ein Grund mehr, schnell abzutauchen und sich direkt auf das Plateau zu begeben, welches in 18 Meter Tiefe am südlichen Ende des Riffes beginnt. Schon jetzt erkennt man den außergewöhnlichen Korallenbewuchs und Fischreichtum, den Elphinstone zu bieten hat. Weichkorallen in Pastellgrün und Rot, Steinkorallen, über denen orangefarbene Juwelenbarsche stehen und Hartkorallen, über die Trompeten- und Falterfische hinweg ziehen. Die Riffzunge zieht sich langsam in die Tiefe, Schnapper stehen in Gruppen zusammen, aus den Spalten und Einkerbungen schauen Riesenmuränen heraus, Meerbarben in Silber und Blau begleiten fast jeden Tauchgang. Dabei sollte man den Blick auch öfter mal ins Freiwasser schweifen lassen, Überrasch-ungen gibt es immer wieder: 2009 war auf dem Südplateau regel-mäßig ein großer, weiblicher Tigerhai zu Gast, 2010 kam es häufig zu Sichtungen von Mantarochen mit bis zu vier Meter Spannweite. Im selben Jahr habe ich das Elphinstone-Riff in der März/April-Ausgabe des VDST-Mitgliedermagazins *Sporttaucher* einmal das „Janus-Riff" genannt und dieser Vergleich gefällt mir immer noch. Denn der Gott aus der römischen Mythologie passt nicht nur wegen seiner Doppel-gesichtigkeit so gut zu diesem Spot; er ist auch der Gott der Ein- und Ausgänge, der Türen und Tore. Und der spektakulärste Durchbruch liegt unter dem Südplateau, kurz hinter einer Stelle, wo das Riff auf der Westseite eine tiefe Einkerbung aufweist.

Es ist ein Loch im Riff, mehrere Meter breit, halbkreisförmig, 53 bis 60 Meter unter der Wasseroberfläche gelegen. Ein paar Meter Wegstrecke durch das Riff hindurch, vorbei an einem Block auf dem Boden, dessen Form grob an einen Sarkophag erinnert und der dem Durchbruch zu seinem Spitznamen verhalf. Und darum der ganze Aufwand? Ja, denn was in der Beschreibung jetzt so nüchtern klingt, hat in der Realität eine Anziehungskraft, der man sich nur schwer entziehen kann. „Heilig" nannte eine Kollegin einmal den Anblick, wenn man in den Vormittagsstunden von Westen her in den Bogen eintaucht, während die im Osten stehende Sonne das Meer im Durchbruch wie eine überdimensionierte Lampe zum Leuchten bringt. Beim Auftauchen an der Ostseite kann man dann noch den farbenprächtigen Bewuchs bewundern, bevor ein paar Meter höher wieder das Plateau erreicht ist und es zurück zum Riff geht. Auch erfahrene Taucher mit einer dementsprechenden Ausbildung sollten diesen Tauchgang nur dann anstreben, wenn keine Strömung vorhanden ist: Andernfalls wird der Rückweg zum Riff über das Plateau hinweg anstrengend und Kräfte raubend. Kurz, bevor man das eigentliche Riff erreicht, findet man in rund 18 Meter Tiefe noch eine Gedenktafel aus Plexiglas, die einem noblen Gönner dankt, der EUR 14.000 für neue Bojen und den Riffschutz gespendet hat. Um die Tafel herum ein Trümmerfeld aus zerbrochenen Korallen, meist hervorgerufen durch Hobbyfotografen, denen das Festhalten der Tafel auf dem Speicherchip über jede Form der Tarierung ging: Riffschutz paradox.

TAUCHEN AM NORDPLATEAU

Noch beliebter als die Variante im Süden ist bei vielen Tauchern ein Abstieg über dem Nordplateau, welches in mehreren Stufen von sechs bis auf über 40 Meter Tiefe abfällt. Hier sind auch die Chancen auf Großfischsichtungen am besten, insbesondere dann, wenn man die in gut 40 Meter Tiefe liegende Kerbe im Plateau erreicht, hinter der sich nochmals ein kleiner Erg erhebt und in der man mit ein wenig Glück auf ruhende Weißspitzen-Riffhaie trifft. Kurz, bevor die Kerbe erreicht ist, weisen auf der Westseite drei dicht beieinander stehende Gorgonien auf den zweiten Durchbruch hin: Direkt neben ihnen führt in 51 Meter Tiefe ein Einschnitt ins Riff, der auf den ersten Blick nicht als Durchbruch zu erkennen ist. Es geht kurz geradeaus, dann ein wenig höher und auf der anderen Seite wieder hinaus: Zusammengerechnet ein Weg von nur gut vier Meter Länge, der jedoch außerhalb der in Ägypten geltenden Regeln für Sporttaucher liegt.

Vom Plateau aus treibt einen die meist aus Norden kommende Strömung automatisch wieder in Richtung des Riffs zurück. Welche Seite man dabei wählt, ist zweitrangig, Fotografen können sich ganz nach dem Sonnenstand richten – am Vormittag besser die Ost- und am Nachmittag lieber die Westseite. Die Riffwände sind, vor allem in flacheren Bereichen, über und über mit Einschnitten, Kerben und kleinen Vorsprüngen versehen, prächtig bewachsen und extrem fischreich. Neben den Brother Islands und Daedalus gibt es nur wenige Spots, die eine solche Anzahl von Weichkorallen vorweisen können wie Elphinstone. Jeder Meter ist ein Fest für biologisch interessierte Taucher, die, um alles besser genießen zu können, nicht tiefer als 20 Meter abtauchen müssen und so jede Menge Zeit zum Bestaunen der Vielfalt gewinnen. Und wo Weichkorallen sind, sind meist auch Schildkröten nicht fern. Die gepanzerten Meeresbewohner trifft man hier mit einer solchen Regelmäßigkeit, dass sich alleine dafür der Ausflug nach Elphinstone schon gelohnt hat. Es fällt schwer, den Blick von der Riffwand zu lösen und ab und zu mal ins Freiwasser zu schauen: Dort ziehen zeitweise Makrelenschwärme vorbei, lassen sich Hundezahn-Thunfische blicken und riesige Schwärme von Füsilieren, die sich oftmals zu gigantischen Trauben zusammenfinden. Sobald man dann die Ankerleinen der ersten Boote

wieder erreicht hat, wird der Blick ins Blaue sogar zur Pflicht: Wenn, dann findet man ihn meistens hier den „Longimanus" oder Weißspitzen-Hochseehai. Bis zu vier Meter groß kann diese Gattung werden, auch, wenn die meisten der an Elphinstone gesichteten Exemplare maximal zweieinhalb Meter Länge erreichen. Und der Longimanus ist kein Hai wie jeder andere: Aussehen und Verhalten machen ihn einmalig.

Bräunlich-grau schimmert seine Oberseite, der Bauch kommt in einem dreckigen Weiß daher. Sowohl Brust- wie auch Rückenflosse sind abgerundet und mit weißen Spitzen versehen, was dem Hai zu seinem unverwechselbaren Erscheinungsbild verhilft. Jacques-Yves Cousteau nannte den Longimanus einst „Häuptling lange Flosse" und wer dem Weißspitzen-Hochseehai unter Wasser begegnet, versteht auch schnell, warum: Wie auf Tragflächen kommt er daher, die großen Brustflossen leicht nach unten gerichtet. Keinerlei Nervosität strahlt der Räuber dabei aus, keine Hektik liegt in seinen Bewegungen, keine Scheu. Ganz im Gegenteil: Die Natur des Longimanus ist geprägt durch eine große Neugierde – eine Neugierde, die manchem Taucher auch oft zuviel werden kann. Denn beim „Häuptling lange Flosse" können sich Taucher auf hautnahe Begegnungen gefasst machen, bis hin zu einem Stubser, bei dem der Hai wohl schauen will, aus welchem Stoff diese blubbernden Wesen gemacht sind. Haie haben schließlich keine Hände, um fühlen zu können – dies ist schlicht und einfach ihre Art, das Gegenüber abzutasten. Sind Begegnungen mit dem Longimanus deshalb gefährlich? Grundsätzlich lässt sich diese Frage sicher verneinen: Wenn man die Anzahl Taucher nimmt, die Kontakt mit einem Longimanus hatten und diese durch die wenigen dabei entstandenen Unfälle teilt, dann sind die Gefahren wohl selbst von Pessimisten als sehr überschaubar einzuordnen. Allerdings sollte man den Weißspitzen-Hochseehai auch nicht mit einem Kuscheltier verwechseln: Er ist ein großer Räuber, der kaum natürliche Feinde kennt und wie jedem Raubtier, welches dem Menschen potentiell gefährlich werden kann, sollte man ihm mit Respekt begegnen. Wenn sich bei Begegnungen das Verhalten des Haies ändert, er aggressiver und hektischer wird, ist ein geordneter Rückzug im Zweifelsfall immer noch die beste Alternative. Ansonsten jedoch können Taucher diese Begegnungen einfach genießen: Begegnungen mit einem König der Meere, dessen Bestände durch Fischerei und gezielte Jagd immer stärker bedroht sind und die nachfolgende Generationen vielleicht schon nicht mehr erleben können.

 FAKTEN ZUM TAUCHGANG

Optimaler Tiefenbereich:
Bis 40 Meter
Strömung: Zeitweise, im
Norden oft auch heftiger
Für Anfänger geeignet:
Bedingt

Unbedingt anschauen:
Fischleben, Süd- und Nord-
plateau, Durchbrüche,
Einschnitte

DAS
BUNTE LEBEN:
ST. JOHNS-TOUR

Unter den beliebtesten Safaritouren ist die St. Johns-Tour die jüngste, ihr Stern ging erst zur Mitte der neunziger Jahre so richtig auf. Doch binnen kürzester Zeit hat sie sich zu der mit am stärksten frequentierten Route im Roten Meer entwickelt – ein Ansturm, von dem man allerdings bei geschickter Routenwahl verblüffend wenig mitbekommt. Auf einer Safari mit der *Seven-7Seas* im Oktober 2007 hat es Kapitän Ehab eine ganze Woche lang geschafft, immer als einziges Boot an dem jeweiligen Riff vor Anker zu gehen. Möglich macht dies die Masse der Riffe: Ist das anvisierte Ziel schon mit mehreren Booten bevölkert, wurde der Plan kurzfristig abgeändert und ein anderer Spot angesteuert. So etwas ist ein Service, den Reisende gar nicht hoch genug bewerten können: Wer einmal ein Riff gemeinsam mit hundert anderen Tauchern erkunden musste, der weiß, was gemeint ist.

Die Beliebtheit der Reise in Ägyptens tiefen Süden kommt nicht von ungefähr: Auf der Route wechseln sich intakte Korallengärten mit atemberaubenden Steilwänden ab, werden Höhlen durchtaucht und Wracks erkundet. Dazu ist praktisch jeder Fisch, den es im Roten Meer zu sehen gibt, in diesem Zielgebiet zu finden. Vom elegant daher schwebenden Manta bis zum pfeilschnellen Barrakuda, vom Weißspitzen-Hochseehai bis zum Langnasenbüschelbarsch darf sich der Reisende über eine Artenvielfalt

freuen, die jene der anderen Touren nochmals übersteigt: Mehr Abwechslung als hier kann man in einer Woche Taucherdasein kaum erleben. Dabei sollten Gäste jedoch eine gewisse Vorliebe für Schiffsreisen mitbringen; auf keiner anderen Safari in Ägypten ist die zurück zu legende Fahrtstrecke länger. Oftmals wird das Schiff dabei nur kurz am Riff vertäut und sobald die Gäste den Tauchgang beendet haben, heißt es wieder: „Leinen los, auf zum nächsten Spot!"

UNTERWEGS

Nachdem das Schiff Marsa Alam oder den Hafen von Port Ghalib verlassen hat, geht es nur noch gen Süden – meist in Sichtweite zur Küste. Der erste Stopp auf der Route dient dem

Checktauchgang, der zweite erfolgt oftmals bei Shaab Sharm, bevor vier bis fünf Fahrtstunden später mit Shaab Claude das nächste lohnenswerte Ziel erreicht ist. Spätestens ab hier liegen die Wassertemperaturen rund ein bis drei Grad höher als zur selben Zeit bei den Brother Islands oder in der Region rund um Hurghada. Im Juli oder August können diese auch mal auf über 30 Grad steigen, was Frostbeulen freut, den Begegnungen mit Großfischen jedoch nicht mehr sonderlich förderlich ist. Diese sind jetzt nicht etwa vollkommen verschwunden, sondern suchen meist nur tiefere Regionen auf, was für Taucher allerdings auf das Gleiche hinausläuft: Wer Großfisch will, sollte diese beiden Monate also besser meiden.

Entgegen der ersten Vermutung ist die Tour trotz der langen Fahrtstrecke durchaus geeignet für Menschen, die zur Seekrankheit neigen. Auf der kompletten Hinfahrt kommen die Wellen von achtern, auf der Rückfahrt von vorne: Beides ist deutlich

angenehmer als beispielsweise die Überfahrten zu den Brothers oder nach Daedalus, wo die Welle über sieben bis acht Stunden lang von der Seite kommt und das Schiff so deutlich stärker zum Schaukeln gebracht wird. Dazu finden die Kapitäne hier jede Nacht geschützte Plätze vor, an denen das Safarischiff ruhig vor Anker gehen kann – für Seekranke eine Wohltat.

AM ZIEL

Endlose Seemeilen, bis zu vier Tauchgänge pro Tag; Stunden, in denen das Gehirn mit Reizen übersättigt wird und solche, in denen das süße Nichtstun dominiert – das bietet eine Tauchsafari zu den St. Johns-Riffen. Es ist eine Erlebnisreise, ein Traumurlaub, nach dem man aber häufig gleich wieder urlaubsreif ist. Wenn man nachts in seiner Kabine liegt und die Augen schließt, hat man die Bilder des Tages fast automatisch wieder vor sich; schwebt nochmals durch farbenprächtige Korallengärten, erkundet Höhlen und Wracks und steht riesigen Fischschwärmen Auge in Auge gegenüber. Sowohl erfahrene wie auch weniger erfahrene Taucher kommen dabei auf ihre Kosten. Denn so unterschiedlich die Tauchplätze auch ausfallen, so unterschiedlich sind auch die Anforderungen, die sie an die Taucher stellen. Es gibt lotrechte Steilwände, die oftmals der Strömung ausgesetzt sind, dazu weite und enge Höhlensysteme, flache Plätze und Wracks, die man je nach Erfahrungsstand von außen oder von innen erkunden kann. Sofern der Guide die Kunst beherrscht, die Taucher in passende Gruppen zusammen zu fügen und nach Möglichkeit Plätze auswählt, an denen es unterschiedliche Tauchgangsvarianten gibt, können beide Gruppen voneinander profitieren: Die Anfänger von der Erfahrung der Erfahrenen, die Erfahrenen von der noch überschäumenden Begeisterung

Shaab Sharm

HEARTOGRAPHIX·
DESIGN. 2019

Rotes
Meer

Hamata

Shaab Claude

Turbo

Ras Banas

Fischtrawler

Mikauwa

Legende

Insel

Riff

Stadt

Wrack

Tauchgebiet

Paradise
Reef

Russischer
Frachter

Gotha
Soraya

Um Aruk   Habili Ali   Zabargad
Island

Rocky
Island

Habili Gafaar   St. John's Riff

Dangerous
Reef

Kilometer

0   10   20   40

der Anfänger. Und so ist die Tour gen St. Johns für all jene das Richtige, die sich nicht entscheiden können, was sie wollen oder die direkt alles auf einmal möchten: Das bunte Leben halt.

SHAAB SHARM

Weit ist die Strecke von Marsa Alam bis zu den St.-Johns-Riffen, so weit, dass die Safarischiffe zwischendurch Stopps einlegen, um die Taucher ab und zu ins Wasser zu lassen. Shaab Sharm, ein Stück oberhalb des Ortes Hamata gelegen, ist so ein Stopp. Lotrecht fallen die Wände hier ab, der Bewuchs jedoch ist im Verhältnis zu anderen fern der Küste liegenden Riffen nicht sonderlich üppig ausgeprägt. Wer das vor Safaga gelegene Panorama Riff kennt, der weiß in etwa, wie es hier aussieht.

Das leicht keilförmige Riff erlaubt eine Vielzahl von Tauchgangsvarianten. Da man jedoch auf dieser Tauchsafari meist nur für
einen Tauchgang vor Ort ist, sollte man sich auf den Teil kon-
zentrieren, der am schönsten ist und wo es auch am meisten zu
sehen gibt: Das Plateau im Osten.

TAUCHEN AN SHAAB SHARM

Das Ostplateau beginnt am Riffhang in 18 Meter Tiefe und
fällt dann bis auf 35 Meter ab; sein Ende und beide Seiten sind
von einem tiefen Drop-off umgeben. An den Übergängen halten

sich häufig Schwarzweiß-Schnapper auf, die in großen Trauben zusammen stehen und vor Tauchern nur wenig Scheu zeigen. Die bis zu 75 Zentimeter großen Tiere werden als Hauptattraktion jedoch schnell abgelöst, wenn die Taucher auf die Gruppe standorttreuer Barrakudas trifft, die hier mit wunderbarer Regelmäßigkeit zu sichten ist. Wer Barrakudas einmal bei der Jagd beobachtet hat, erkennt schnell, welch perfekten Räuber die Natur in ihnen geschaffen hat: Zuerst verharren sie fast reglos in der Strömung, wie ein Pfeil auf einem gespannten Bogen, um dann mit einem Zucken ihres muskulösen Körpers auf die Beute zuzuschießen, der dabei kaum eine Möglichkeit zur Flucht bleibt.

Fotografen sollten sich anschließend dem mittleren Doppelblock auf dem Plateau mit seiner Putzerstation zuwenden oder dem letzten Erg in Richtung Norden, der rundum mit Gorgonien bewachsen ist – hier lässt sich mit Sicherheit ein Langnasenbüschelbarsch finden. Ebenso wie in dem dreifachen Gorgonienfächer, der kurz vor der Abbruchkante zum Drop-off steht: Wer an Shaab Sharm keinen Langnasenbüschelbarsch entdeckt, wird ihn wahrscheinlich nirgendwo mehr finden.

Direkt an dem Fächer weist das Riff dann einen tiefen Einschnitt auf, der fast senkrecht in die Tiefe führt. Taucher, die über eine dementsprechende Erfahrung und Ausbildung verfügen, können diesem Einschnitt nun folgen und erreichen in gut 50 Meter Tiefe den Eingang zu einer Höhle, die sich weit in das Riff hinein schlängelt. Ein Tauchgang, der auch abgesehen von der großen Tiefe nicht ganz ohne ist: Nach ein paar Metern macht die Höhle einen Knick, ist der Ausgang nicht mehr zu sehen. Dazu ist der Boden mit Sand und feinem Sediment bedeckt, was eine gekonnte Tarierung und einen vorsichtigen Flossenschlag voraussetzt – andernfalls ist die Sicht schnell komplett weg.

2009 kam es bei Shaab Sharm zu einer Reihe von Longimanus-Sichtungen, die sich meist im Bereich der ankernden Safarischiffe abgespielt haben. Und auch, wenn diese lediglich mit der Zuverlässigkeit ägyptischer Zeitansagen zustande kamen, lohnt der Blick knapp unter die Wasseroberfläche: Der Wunsch ist ja schließlich der Vater aller Entdeckungen!

FAKTEN ZUM TAUCHGANG

Optimaler Tiefenbereich:
20 bis 40 Meter
Strömung: Zeitweise

Für Anfänger geeignet:
Ja, mit Einschränkungen
Unbedingt anschauen:
Ostplateau, Ergs, Barrakudas

SHAAB CLAUDE

Shaab Claudia, Shaab Claudio, Shaab Claude – je nach Safariboot und Guides an Bord kann der Name dieses Spots häufiger leicht variieren. Eines jedoch bietet er immer: Jede Menge Spaß! Shaab Claude gehört zu den Riffen, an dem sich Anfänger genauso wohl fühlen wie erfahrene Taucher, an dem die Pressluftflasche zwei Stunden lang Luftvorrat liefern dürfte und den man innerhalb einer Woche auch mehrmals betauchen kann. Losgelöst von Wrack und Großfisch hat der Tauchplatz alles, was das Herz begehrt: Einen schönen Korallengarten, viele unterschiedliche Fischarten, zutrauliche Napoleon-Lippfische und ein großräumiges Höhlensystem, welches auch weniger erfahrenen Tauchern keine Probleme bereitet.

Wie Shaab Sharm gehört auch Shaab Claude nicht zu St. Johns, wird aber auf der Fahrt dorthin regelmäßig angesteuert. Nicht ohne Grund: Die beiden Spots gehören zum Besten, was die „Fury Shoals", die „wilden Riffe", zu bieten haben. Wenn das Boot hier über Nacht bleibt, sollte man auch unbedingt die Gelegenheit zu einem Nachttauchgang wahrnehmen: Nur wenige Plätze in Ägypten sind in der Dunkelheit schöner und selbst die Gänge des Höhlensystems lassen sich dabei gefahrlos erkunden – überall geht es irgendwo ins Freie, der nächste Ausgang liegt fast immer in Blickweite.

TAUCHEN BEI SHAAB CLAUDE

Meist ankern die Safariboote an einem im Süden gelegenen Korallenblock, von dem aus die Taucher in neun Meter Tiefe schon den Eingang in das Höhlensystem sehen können. Der Sandgrund

um den Block herum liegt in 20 bis 25 Meter Tiefe und ist mit einer Vielzahl von kleineren Ergs besiedelt, die man, obwohl sie durchweg nett anzusehen sind, erst einmal links liegen lassen sollte. Von dem Eingang der Höhle aus führt nun ein kurzer Gang geradewegs hinein in den Hauptraum, der mit seiner porösen Decke sofort Assoziationen an eine lichtdurchflutete Kathedrale auslöst. Vereinzelt liegen Blaupunktrochen auf dem Boden, drücken sich Beilbauchberglinge in die dunkleren Ecken. Ein kurzes Verweilen, Blicke, die das Rund durchkämmen: Ein Anblick zum Genießen, dann geht es weiter. Rechte Hand schließt sich am Ende des Hauptraumes ein weiterer Gang an, dessen Verlauf grob an die Form einer verbogenen „3" erinnert – ein Verirren ist kaum möglich. Es geht geradeaus, um zwei Ecken herum und schon ist man wieder in der großen Kammer angelangt, durch deren Deckenlöcher sich das Licht wie Laserstrahlen seinen Weg ins Innere sucht.

Genau gegenüber, vom ersten Eingang aus gesehen also links, führen drei Gänge wieder aus dem System heraus. Man taucht dort rein und durch einen anderen wieder raus, findet an den Seitenwänden Giftwarzen- und Pyjamanacktschnecken und erfreut sich einfach seines Taucherseins: Shaab Claude ist wie ein großer Abenteuerspielplatz unter Wasser – für Kinder, die sich weigern, erwachsen zu werden. Bei all der Faszination über das Innere vergisst man schon mal den prächtigen Korallengarten, der sich nahezu über die komplette Ostseite erstreckt. Dieser hat es ebenfalls in sich: Hartkorallen in Blau, Beige und Mint warten auf die Taucher, über ihnen stehen imposante Fledermausfische, setzen Dutzende Wimpelfische und Meerbarben farbige Kontrastpunkte. Die Hauptattraktion jedoch sind die zahlreichen ortsansässigen Napoleons, die das Riff umkreisen und den Tauchern dabei erstaunlich nahe kommen. Besonders ein wirklich fetter Bursche scheint seine Neugierde nicht in den Griff zu bekommen: Dieses mächtige

Exemplar eines Napoleons wartet meist direkt unter dem ankernden Safariboot auf die zurückkommenden Taucher.

i FAKTEN ZUM TAUCHGANG

Optimaler Tiefenbereich: 10 bis 25 Meter
Strömung: Nein
Für Anfänger geeignet: Ja

Unbedingt anschauen: Höhle, östlicher Korallengarten, Fischleben

TAUCHSATIRE: ROSWITHA PART III

ÄGYPTISCHER ABEND

Es ist ihre zweite Tour, ihr erstes Zusammentreffen mit dem Silberrücken und vor ihr liegt ein Meer an Abenteuern: Roswitha ist zurück! Gemeinsam mit Göttergatte Erwin will sie die Taucherwelt erobern – oder zumindest den kleinen Teil davon, der mit ihr zusammen an Bord weilt.

Die Glocke läutet und da das Frühstück erst eine halbe Stunde her ist, kann dies nur eines bedeuten: Briefing für den ersten Tauchgang. Das Schiff ankert vor Shaab Marsa Alam und auf uns wartet ein „richtig interessantes Riff", wir werden „eventuell Weißspitzen-Riffhaie sehen können", ganz sicher aber „Barrakudas und Muränen, dazu das Wrack eines versunkenen Safarischiffes". Überhaupt ist dieser Platz „einer der schönsten in Küstennähe" – zumindest dann, wenn man dem leicht arrogant wir-

kenden Diveguide glauben mag. Glaube ich meiner Erinnerung, ist dies ein Riff, welches ich nur frohgelaunt und in Urlaubsstimmung als „durchschnittlich" bezeichnen würde. Bestenfalls. Auch Theo, der Silberrücken, grunzt missbilligend und wird mir damit augenblicklich sympathisch, ganz anders als Roswitha. Die schaut ganz entrückt und ich warte nur noch darauf, dass sie jetzt vor Begeisterung in die Hände klatscht. Wobei ihre Zustimmung auch daher rühren könnte, dass der Guide das Briefing in Badehose abhält, sehr schlank ist und über ein ansehnliches Sixpack verfügt. Hierzu muss ich was erklären: Ich bin nicht schlank. Gut, ich bin nicht fett wie Ottfried Fischer, nichts, was man nicht mit geschickter Kleiderwahl halbwegs verbergen könnte. Ich bin eher wie einer, zu dem die Mama sagt: „Nein, mein Junge, du hast kein Übergewicht – du hast nur schwere Knochen." Dabei traut sie sich allerdings nicht, einem direkt in die Augen zu sehen, sondern fixiert einen imaginären Punkt an der Wand. Das mag jetzt nicht besonders charakterfest klingen, erklärt aber vielleicht, warum ich mich schwer tue, extrem durchtrainierten Menschen meine augenblickliche Sympathie zukommen zu lassen. Neben mir grunzt der Silberrücken nochmals ablehnend und reißt mich damit aus meinen Gedanken: Der Guide hat gerade erklärt, dass er uns beim ersten Tauchgang auch kurz „checken" will. Unser Alphataucher Theo fühlt sich leicht gegängelt, mir ist es egal und Roswitha findet es „klasse, dass hier Wert auf Sicherheit gelegt wird". Erwin, ihr Mann, hat noch gar nichts gesagt – scheinbar ein Typ, der sich recht gelassen seinem Schicksal fügt. Vielleicht geht er aber auch nur gerade die Möglichkeiten durch, warum Roswitha ihn nie so anhimmelt.

Rache am Wrack

Wie die Lemminge folgen wir dem Tauchführer, einer nach dem anderen darf das Spiel mit der Maske und dem Atemregler vorführen, bis nur noch Silberrücken und ich übrig sind. Der Diveguide macht das recht cool: Relaxt und rückwärts tauchend, hat er die ganze Gruppe gut im Blick – leider aber nicht die Überreste der „Legend", die rund 20 Meter hinter ihm ins Blickfeld geraten. Dann zeigt er mit geöffneten Händen auf mich: Wohl die Aufforderung, jetzt mit der Maske loszulegen. Ich stelle mich dumm, richte den Zeigefinger fragend auf die eigene Brust, er nickt (noch 15 Meter bis zum Wrack). Dann nestel ich umständlich an der Maske herum (noch zehn Meter), ziehe sie langsam vom Kopf und wedle dabei hektisch mit den Flossen, um das Tempo zu erhöhen (fünf Meter). Jetzt schnell die Maske aufgesetzt und ausgeblasen, um den großen Moment nicht zu verpassen: Es macht „dong" und Diveguides Tauchflasche trifft hölzerne Bordwand! Aus Erwins Atemregler steigt eine große Luftblase auf und verblüfft registrieren wir, dass man Lachen auch unter Wasser hören kann. Roswitha schaut besorgt, fragt mit dem allseits bekannten „Okay-Zeichen" nach, ob auch alles in Ordnung sei und der Diveguide verzichtet in der Folge darauf, anschließend noch Theo zu checken. So langweilig, wie anfangs gedacht, war Shaab Marsa Alam also gar nicht. Wieder an Bord, haben sich alle stillschweigend darauf verständigt, den Vorfall nicht mehr zu erwähnen. Zumindest solange, bis der Guide eine Bemerkung macht von wegen „ist schon ziemlich zerfallen, das Wrack." Die Frage Theos, ob dies vielleicht an seinen Checktauchgängen liegt, beantwortet er mit einem bösen Seitenblick. Eines scheint klar: Freunde werden die beiden auf dieser Fahrt nicht mehr. Ich dagegen hab meinen Frieden mit dem Guide gemacht und betrachte den Checktauchgang als ausgleichende Gerechtigkeit für sein übertrieben optimistisches Briefing. Außerdem hat er ja jetzt ein T-Shirt an.

In der Folge entwickelt sich auf dem Sonnendeck eine muntere Diskussion darüber, wie der Rest der St. Johns-Safari verlaufen sollte. Die Positionen sind klar bezogen: Der Guide will sich nicht festlegen, murmelt etwas von „mal schauen, liegt am Wetter" und „muss der Kapitän entscheiden", wohingegen Freund Silberrücken auf „flache Plätze verzichten kann" und den Fokus gerne auf „Außenriffe und wenig betauchte Wracks wie die Turbo" legen würde. Roswitha springt erwartungsgemäß dem Guide zur Seite, weil der ja „die größte Erfahrung

hat" und betont gleichzeitig, dass ihr „als angehender Divemasterin" jeder Platz recht sei. Sogar Erwin meldet sich zu Wort und erst jetzt fällt auf, welche verborgenen Talente der Mann hat: Sobald er emotional gepackt ist, vergisst er das Hochdeutsche und verfällt in astreines, wunderschönes „Ruhrdeutsch". „Hattata Hammerhaie?" (Hat es da, wo wir hinfahren, schon einmal Hammerhaisichtungen gegeben?), gefolgt von einem lapidaren „Egal: Ich geh inne Kabine". Was für ein Satz: „Ich geh inne Kabine." Knapper kann man in der deutschen Sprache Subjekt, Objekt und Prädikat nicht zusammen fassen – ein Dialekt zum Niederknien!

Abend des Grauens

Doch während ich noch verzückt und voller professioneller Bewunderung dasitze, schlägt das Schicksal mit einer solchen Härte und Grausamkeit zu, wie ich es zu so einem frühen Zeitpunkt der Reise niemals vermutet hätte. Es beginnt ganz harmlos als der Guide sich erhebt und erklärt, er hätte uns etwas mitzuteilen „Normaler Weise machen wir das erst am Ende der Tour, aber weil ihr so eine tolle Truppe seid, hat die Crew sich entschlossen, bereits heute einen ägyptischen Abend für euch zu veranstalten!" Dann blickt er beifallsheischend in die Runde. Roswitha klatscht jetzt wirklich die Hände zusammen und zwitschert „Oh, fein", der Rest schaut ahnungslos, Silberrücken ist sichtlich schockiert. Ägyptischer Abend? Jetzt? Es gibt drei Horrorvisionen, die mich schon über Jahre verfolgen:

- Ich werde arbeitslos und das Einzige, was mich vor Hartz IV rettet, ist ein Job als Betreuer im Ikea-Kinderparadies!
- Ich werde als Schuhverkäufer wiedergeboren und muss täglich frustrierten „Sex and the City"-Kandidatinnen „Manolo Blahnik"-Schuhe an die Füße halten!
- Ich erlebe einen Tag wie Bill Murray in „Täglich grüßt das Murmeltier" immer und immer wieder, wobei jeder Tag mit einem „Ägyptischen Abend" endet!

So ein ägyptischer Abend ist wie Folklore auf unterstem Niveau: Es läuft ägyptische Musik – und alle klatschen so erfreut, als würden sie zu Hause nie was anderes hören. Es gibt einen Kuchen (meist in chemisch grün/chemisch rot/

chemisch blau), der immer gleich übel schmeckt – und alle machen „hmmm", als würden sie zu Hause nie so etwas Leckeres bekommen. Es gibt von der Crew vorgebrachte Tänze – und irgendein Vollpfosten tanzt immer begeistert mit. Im schlimmsten Fall einen Bauchtanz, von dem ich mir immer insgeheim wünsche, dass seine Arbeitskollegen ihn auf „You-Tube" sehen könnten. Das Letzte, was ich noch sehe, bevor im Salon des Schiffes das Licht dunkel gedimmt wird, ist der schadenfrohe Blick des Diveguides. Und in dem Moment ist es mir klar: Der ägyptische Abend ist die ultimative Rache des Guides an Gästen, die ihn mit der Tauchflasche gegen ein Wrack deppern ließen. Theo, der Silberrücken, beugt sich rüber und flüstert mir ein „Wenn der Krieg haben will, soll er ihn bekommen" zu. Ich schließe die Augen, denk mir kurz „ich wollte doch nur einen entspannten Urlaub haben" und füge mich, ähnlich wie Erwin, gottergeben in mein Schicksal. Draußen zieht langsam die Nacht vorbei und am Horizont wartet St. Johns.

Veröffentlicht in Divelnside
Ausgabe 04 / 10

DAS WRACK
DER TURBO

Lange Zeit lag die Geschichte dieses Wracks im Dunkeln. Ein kurz vor der Mitte auseinander gebrochener Tanker von schätzungsweise gut 100 Metern Länge, der wohl zu Anfang des 20. Jahrhunderts gebaut wurde – so viel stand fest; Identität und Grund des Unterganges blieben lange im Verborgenen. Das Schiff wurde nur selten angesteuert und die, die es taten, nannten es zumeist die *Atlas*: Ebenfalls ein Tanker, der jedoch vor der jemenitischen Küste versunken ist. Erst vor wenigen Jahren gelang es dann, das Rätsel um das zerbrochene Schiff zu lösen und den Tanker als die *Turbo* zu identifizieren: 1912 gebaut, ursprünglich 114 Meter lang und 15 Meter breit. Das Schiff wurde durch einen Luftangriff im Zweiten Weltkrieg schwer beschädigt und sollte anschließend von Port Said nach Aden geschleppt werden. Gezogen wurde es dabei durch die für solch große Anhängsel fast schon untermotorisierte *Gladys Moller* (gleiche Reederei, der auch die *Rosalie Moller* gehörte): Langsam, mühselig, schnaufend ging es voran. Als der Verband auf seinem Weg durch das Rote Meer in ein schweres Unwetter geriet, brach die 4900 Tonnen schwere *Turbo* auseinander und musste endgültig aufgegeben werden. Zum Untergang selbst vermeldete „Lloyds Casualty List" lediglich: „4. April 1942. Turbo im Schlepp und dem Meer überlassen wegen schweren Wetters. Vorderteil versenkt, da Gefahr für den Schiffsverkehr. Hinterer Teil vermutlich von selbst untergegangen."

Bis heute wird die *Turbo* verhältnismäßig selten angesteuert: die Kapitäne der Safarischiffe mögen den Tauchplatz nicht besonders. Grund hierfür ist der ständig wehende Nordostwind, der die ankernden Boote oftmals in Richtung der Landspitze Ras Banas

drücken will. Häufig gibt es dann nur eine Lösung: „Taucher raus lassen, vor der Küste Runden drehen. Taucher mit dem Zodiac wieder einsammeln." Die unmittelbare Nähe zur Küste ist auch ein Grund dafür, dass die Sichtverhältnisse an der *Turbo* meist als eher schlecht einzustufen sind. Doch schwieriges Ankern hin oder schlechte Sichtverhältnisse her – es wäre eine Schande, dieses Wrack auf dem Weg in Richtung St. Johns links liegen zu lassen. Hier zeigt sich häufig, welcher „Güteklasse" der Guide an Bord angehört. Die Unerfahrenen, die das Schiff nicht kennen und jene, die einfach einen ruhigen Job schieben wollen und keine Diskussion mit dem Kapitän wünschen, sieht man hier nie. Guides jedoch, die engagiert und kompetent sind, werden dagegen alles versuchen, um den Gästen an Bord einen Tauchgang an der *Turbo* zu ermöglichen.

TAUCHEN AN DER TURBO

Es ist nicht tief hier, rund 25 Meter, und als Erstes schält sich das Heck der *Turbo* aus dem Blau. Schräg liegt sie da, ihre Backbordseite mit gut 40 Grad Schlagseite dem Grund zugeneigt. Doch bevor man den Bereich achtern erkundet, lohnt ein Ausflug hin zu der Stelle, an der das Wrack einst zerbrach: Die Bruchstelle sieht aus, als hätte ein Riese das Schiff mit einer Axt in zwei Teile zerschlagen. Ganz glatt, fast schon chirurgisch sauber wirkt der Schnitt. Und dies soll nicht von Menschenhand gemacht worden sein? Wer die Bruchstelle gesehen hat, mag dies nur schwer glauben. Der Bugbereich dürfte laut der damaligen Beschreibung irgendwo im offenen Meer liegen; unauffindbar, verschollen. Aber auch die rund 70 Meter lange Mittschiffs- und Hecksektion hat es in sich. An der Bruchstelle steigt man am besten direkt auf das Deck hinauf, gleitet langsam an der teilweise noch erhaltenen Reling entlang, vorbei an Deckwinschen und dem großen Mast,

der wie ein überdimensioniertes Mahnmal von dem Tanker ab-
steht. Wie nahezu das gesamte Schiff ist auch dieser bereits von
zahlreichen Weich- und Hartkorallen bewachsen.

Allzu lange sollte man hier jedoch nicht verweilen: Bei der *Turbo*
kommt das Beste erst zum Schluss. Vor den Tauchern zeichnet
sich im Bereich des Achterdecks und der Aufbauten eine Szene-
rie ab, die man bei einem Wrack in Ägypten kaum noch vermu-
ten würde. Fast noch jungfräulich wirkt das Schiff hier, nahezu
unberührt. Wer sehenden Auges über das Deck schwebt, wird
mit solch zahlreichen Details belohnt, wie sie kaum ein anderes Schiff in dieser Region zu bieten hat. Dort, wo ehemals der

Schornstein war, steht auch ein mächtiger Lüftungstrichter, der fantastisch bewachsen ist und um den sich Rotfeuerfische im Dutzend tummeln, denen die unzähligen Glasfische als Beute dienen. Auch die fast vollständig erhaltene Heckreling sowie die diversen Poller zum Festmachen des Schiffes geben mit ihrem prächtigen Bewuchs erstklassige Fotomotive ab.

Wer über eine dementsprechende Erfahrung und Ausbildung verfügt, kann sich auch in die Innenräume wagen. Die Bullaugen sind samt Messingfassungen annähernd komplett erhalten, in der Kombüse stößt man auf Teller und Teile des Bestecks,

in den Quartieren auf Bettgestelle, Schuhe und zerbrochene Trinkgläser. Es ist stellenweise recht eng in den Gängen und Räumen; herabhängende Kabel und Leitungen verheddern sich gerne mal in der Tauchausrüstung. Sowohl von der Steuer- wie auch der Backbordseite aus findet man mehrere Zugänge, das Sonnenlicht fällt ansonsten nur spärlich durch kleine Öffnungen ein. Tauchern, die ein wenig unter Klaustrophobie leiden oder nur den Maschinenraum betauchen möchten, bietet sich der Zugang über die hinter den Aufbauten gelegenen Luken oder durch die Öffnung des Schornsteins an, durch die man direkt auf die Maschine hinab blicken kann. Es gibt sicherlich schönere und spektakulärere Wracks im Roten Meer, aber kaum eines, das in einer solch geringen Tiefe liegt und dennoch so unberührt wirkt: Dem Nordwind sei Dank!

i FAKTEN ZUM TAUCHGANG

Minimale Tiefe: 11 Meter
Maximale Tiefe: 27 Meter
Strömung: Wenig
Für Anfänger geeignet: Ja

Unbedingt anschauen:
Bewuchs, Achterdeck,
Aufbauten

ZABARGAD

„Haigarantie", „Großfischparadies" und „Heimat der großen Räuber": Bei einem Blick in manche Rifführer und Reiseprospekte könnte man glauben, mit Zabargad an dem ultimativen Tauchplatz für Haifetischisten angekommen zu sein. Zumindest so lange, bis man selbst den Kopf ins Wasser gesteckt hat: Wie an jedem küstenfernen Riff in Ägypten kann es zwar immer wieder mal zu Haisichtungen kommen – hier jedoch ein Eldorado für Großfischfans zu versprechen weckt Erwartungen, die die Realität nicht erfüllen kann. Zabargad hat dafür andere Highlights: Seltene Lebewesen, Höhlen und Durchbrüche sowie zwei geheimnisvolle Wracks.

Die Geschichte der *Neptuna* beginnt in Port Sudan, kurz nach Ostern 1981. Der ehemalige Minensucher, umgebaut zu einem der ersten Tauchkreuzfahrtschiffe überhaupt, startet mit 18 Passagieren unter Kapitän Klaus Dieterich zu einer Tour gen Norden. Als die *Neptuna* am 28. April Zabargad erreicht, haben ihre letzten Stunden bereits begonnen. Mit den frühen Morgenstunden wurde der Wind deutlich stärker und man beschloss, das Schiff an eine ruhigere Stelle zu verlegen. Doch dann ging schief, was schiefgehen konnte: Zuerst ließ sich der Dieselmotor nicht starten, die Wellen warfen die *Neptuna* ein erstes Mal gegen das Riff. Auch alle Versuche, sich mittels Heckanker und Beiboot aus der misslichen Lage zu befreien, scheiterten. Als der Motor dann doch ansprang und sich der Schiffspropeller im Ankerseil verhedderte, war ihr Schicksal besiegelt: Die *Neptuna* hing mit ihrem Heck schon tief im Wasser, der Bug brach ab, das Schiff trieb noch ein Stück weiter und versank dann endgültig. Es überlebten: Mannschaft und Gäste. Es ertranken: Die Katze und der Traum des Eigners.

TAUCHEN BEI ZABARGAD

In der Nähe der Untergangsstelle auf der Westseite des Riffes findet man heute noch ein Bügeleisen sowie einen Generator und alte Plastiktragesnalen mit daran befestigten Presslufttanks – die *Neptuna* selbst bleibt verschwunden. Aber die Suche nach ihr ist doppelt lohnenswert: Zum einen liegt der Grund in lediglich 20 bis 25 Metern Tiefe und fällt nur sanft ab; die *Neptuna* muss also irgendwo in für Sporttaucher erreichbaren Tiefen liegen. Zum anderen findet man dort – wenn schon nicht das Wrack – mit ein wenig Glück seltene Meeresbewohner wie den Geigenrochen, der häufig innerhalb der Bucht auf dem Meeresboden liegt. Die *Neptuna* bleibt bis heute ein Rätsel: Nicht, was ihren Untergang betrifft, sondern den Verbleib.

Genau umgekehrt ist die Lage beim zweiten Wrack vor Ort, dem „Russen". Das Schiff liegt in Tiefen zwischen einem und 24 Meter und ist somit ideal geeignet für ausgiebige Erkundungen. Auch, wenn das Relikt mittlerweile häufig als die *Khanka* bezeichnet wird – die Identität des Wracks wird unter wirklichen und selbsternannten Experten immer noch heftig diskutiert. Ebenso seine Bestimmung: War es einfach ein kleiner Frachter, dienten die Vorrichtungen am Heck der Anbringung eines Fischernetzes oder war es gar – James Bond lässt grüßen – ein russisches Spionageschiff aus den Zeiten des Kalten Krieges? Eins steht fest: Das in einer Bucht auf der Ostseite liegende Relikt ist ein klasse Tauchplatz. Wunderschön bewachsen, hat es vor allem im Heckbereich noch viele Details zu bieten. Kabeltrommeln, Winschen, Ketten und Ventilatoren geben prima Fotomotive ab. Auch das Innere kann problemlos betaucht werden, die Zugänge zur Brücke und die Niedergänge zu Kombüse und Mannschaftsquartier stehen weit offen. Dabei ist jedoch Vorsicht geboten: Es ist sehr eng dort; von der Decke rieselnde Rostpartikel sowie das feine Sediment können die Sicht schlagartig auf null sinken lassen.

Wer nicht dem Wrackvirus verfallen ist, wird sich bei Zabargad aber auch nicht langweilen. Die Insel, die von den Ägyptern „El Gubal" („Der Berg") genannt wird, hat eine Vielzahl unterschiedlichster Tauchplätze zu bieten. Meist ankern die Schiffe im Süden oberhalb eines Plateaus, welches zwischen 15 und 35 Meter tief liegt und jede Menge schön bewachsener Ergs beherbergt. Wimpelfische, Riffbarsche und Nacktschnecken sorgen für Abwechslung, ab und zu ziehen Rochen am Drop-off vorbei. Gut geeignet ist der Platz auch für einen Nachttauchgang; hier entdeckt man schlafende Papageifische und oftmals auch eine Spanische Tänzerin. Die Hauptattraktion jedoch liegt etliche Meter höher. Zwischen drei und acht Metern Tiefe führen Eingänge, an die sich ein kleines Höhlensystem anschließt, in das Riff hinein. Einer der Gänge hat grob die Form einer Drei, der andere schlängelt sich so weit in den Fels hinein, dass unbedachte Taucher auch mal in der Lagune landen können. „Ihr seid mit die Ersten, die diese Höhlen betauchen!", hört man erstaunlicher Weise oft von den Guides und angesichts dessen, wie verwunschen das Ganze wirkt, mag man ihnen im ersten Moment auch glauben. Zumindest so lange, bis man zum zweiten Mal dort ist und wieder das Gleiche gesagt bekommt. Doch ob man sich nun zu der Entdeckern zählen darf oder nicht – Spaß macht es dort allemal!

Freunde des ägyptischen Steilwandtauchens sind an der Nordspitze am besten aufgehoben, wo die Insel sehr schnell in ein Drop-off übergeht. Hier hat man auch die besten Chancen, auf Großfisch wie Stachelmakrelen, Thunfische oder Haie zu stoßen. Denn selbst, wenn letztgenannte bei „El Gubal" allgemein recht selten sind, werden doch immer wieder mal Schulen von Hammerhaien dort gesichtet: Gerade dann, wenn keiner mit ihnen rechnet.

FAKTEN ZUM TAUCHGANG

Optimaler Tiefenbereich:
Zwischen 10 und 30 Meter
Strömung: Wenig
Für Anfänger geeignet: Ja

Unbedingt anschauen:
Wrack auf der Ostseite,
Höhlen

ROCKY ISLAND

Unter den regelmäßig angefahrenen und fern der Küste liegenden Inseln ist Rocky Island die südlichste. Nur eine gute Seemeile südöstlich von Zabargad gelegen, bietet das winzige und oft von Wellen umspülte Eiland den Safaribooten kaum geschützte Ankerplätze. Dennoch lohrt die kurze Überfahrt: Im Vergleich der beiden Inseln hat Rocky Island deutlich die Nase vorn. Steil fallen die Wände ab; es gibt Einschnitte, kleine Höhlen und Überhänge, die mit Weich- und Hartkorallen bewachsen sind. Schildkröten,

Barrakudas und Napoleon-Lippfische kreuzen den Weg, überall wimmelt das Leben. Und mit ein wenig Glück kommt es auch zu Begegnungen mit Hammer- oder Fuchshaien, die hier allerdings eher selten anzutreffen sind – aber man freut sich ja umso mehr, je weniger man eine solche Begegnung erwartet hat.

Dazu ist Rocky Island eines der faszinierendsten Ziele für technische Taucher im Roten Meer: Der Grund hierfür liegt in Tiefen zwischen 80 und 120 Meter und hört auf den Namen *SS Maidan*: Das über 150 Meter lange Fracht- und Passagierschiff, ein wahrer Koloss seiner Zeit, sank am 10. Juni 1923 und wurde erst 2003 nach langer Suche entdeckt. Es gibt nur wenige Schiffe jener Periode, die ähnlich gut erhalten sind. Die *Maidan* ist ein wahrer Traum für „Tekkies", an dem diese eine ganze Woche verbringen können und dabei immer noch nicht jeden Bereich des Schiffes gesehen haben.

TAUCHEN BEI ROCKY ISLAND

Um die Chancen auf Großfisch aller Art zu erhöhen, beginnt man den Tauchgang am besten an der häufig von der Strömung umspielten Nordspitze. Das Riff fällt hier steil ab, an den Fächerkorallen und Gorgonien tummeln sich Riffbarsche und Flötenfische. Nach dem Abstieg vom Zodiac sollte man sich direkt auf fünf Meter Tiefe fallen lassen, um dem Wirken der Brandung aus dem Weg zu gehen, und sich erst dort sammeln. Anschließend geht es auf die vereinbarte Maximaltiefe runter, wobei sich die Tauchgruppen bei günstigem Strömungsverlauf auch ein wenig in Richtung des Freiwassers orientieren können: Hier haben sie die besten Chancen auf Begegnungen mit Haien, wobei die Hoffnungen darauf nicht allzu hoch ausfallen sollten. Es gilt fast das Motto eines Swingerclubs: Alles kann, nichts muss.

Mit der Strömung im Rücken geht es dann an der Westwand weiter, wo sich viele Nischen befinden, von denen jede einzelne ein Paradies für Kleinstlebewesen ist. Ob Nacktschnecke oder gebänderte Scherengarnele – viele Taucher entdecken erst bei Rocky Island ihre Liebe zur Makrofotografie. Selbst den seltenen Bäumchen-Lippfisch kann man über dem Plateau beobachten, den die Engländer nicht zu Unrecht „Rockmover" nennen und der ein wenig an Sisyphos und dessen Arbeit erinnert: Permanent rollt er kleine Steinchen die Abhänge hoch, sucht darunter nach Nahrung, dreht um, sucht sich einen neuen Stein und beginnt von vorn. In den flacheren Bereichen der Saumzone findet man eine Vielzahl von Nacktschnecken, in den Gorgonien die bei Fotografen so heiß begehrten Langnasenbüschelbarsche. Doch bei aller Faszination für skurrile Lebensformen – insbesondere in den Monaten April bis Juni werden bei Rocky Island häufig Hauptdarsteller ganz anderen Kalibers gesichtet. Wie Wesen aus einer fremden Galaxie schweben sie heran, stehen in der Strömung und filtrieren das salzige Meerwasser – Mantas, die größte aller Rochenarten. Die

sanften Giganten können Fotografen, die vorher Kleinstlebewesen fotografiert haben, schon zur Verzweiflung treiben: Was soll man bei vier Metern Spannweite mit einem Makroobjektiv anfangen? Doch meist hat man genügend Zeit, um die fliegenden Teppiche bei einem zweiten Tauchgang auf den Speicherchip zu bannen: Sind sie erst mal da, bleiben sie einem häufig über den ganzen Tag erhalten.

Eine weitere Tauchgangsvariante bietet sich direkt vom Boot aus an, wo ebenfalls ein schöner Riffhang auf die Besucher wartet. In den Spalten und Vorsprüngen sitzen kapitale Riesenmuränen, um die Gorgonien herum wuseln Rifffische und häufig durchkämmen Makrelen und große Schwärme von Füsilieren das Freiwasser. Man muss hier gar nicht tief gehen, um bestens unterhalten zu werden – nach einem tiefen Tauchgang am Vormittag kann man den Nachmittag dort ganz relaxt in den flacheren Bereichen verbringen und wird dennoch nicht unzufrieden auf das Safarischiff zurückkehren. Auch Rocky Island ist nicht das Sehnsuchtsziel für Großfischjäger, zu dem es manche Berichte machen wollen – aber ein durch und durch abwechslungsreicher Spot, an dem weniger erfahrene, erfahrene und auch technische Taucher auf ihre Kosten kommen.

FAKTEN ZUM TAUCHGANG

Optimaler Tiefenbereich:
Bis 40 Meter
Strömung: Zeitweise
Für Anfänger geeignet:
Bedingt

Unbedingt anschauen:
Nordseite, Makroleben,
Plateau

HABILI ALI

Habili (frei übersetzt: ungeboren) werden in Ägypten Riffe genannt, deren Wachstum noch nicht beendet ist und deren Spitze auch bei Ebbe die Wasseroberfläche noch nicht erreicht hat. Es gibt lediglich zwei Habilis auf dieser Tour, und jeder der beiden ist ein außergewöhnlich guter Tauchspot, der immer auch die Chance auf Großfisch beinhaltet. Habili Ali ist der bekanntere davon: In den 90er Jahren noch so etwas wie der ultimative Geheimtipp für Taucher, die sich auf den Weg in Ägyptens tiefen

Süden machten, ist Habili Ali heute zum festen Bestandteil jeder St.-Johns-Safari geworden. Manchmal liegen sieben, acht Boote gemeinsam an dem recht kleinen Riff, welches gleichzeitig auch das am weitesten im Osten liegende der St.-Johns-Gruppe ist. In der Folge haben Haisichtungen dort in den letzten Jahren kontinuierlich abgenommen, finden nicht mehr mit jener Selbstverständlichkeit statt, die ältere Taucher von dem Spot her noch kennen. Dennoch: Graue Riffhaie trifft man immer wieder mal an, ebenso Weißspitzen-Riffhaie, und wenn dann noch sehr viel Glück mit ins Spiel kommt, lassen sich sogar vereinzelt Hammerhaie blicken.

Darüber hinaus hat Habili Ali dem Taucher noch mehr zu bieten: lotrechte Steilwände, riesige Gorgonienwälder, Fischreichtum, Anemonenfelder und schwarze Korallen. Unter allen Riffen, die

St.-Johns zu bieten hat, gehört der „ungeborene Ali" sicherlich zu den fünf schönsten – ein Spot, auf den man sich schon im Vorfeld freuen kann.

TAUCHEN AN HABILI ALI

Idealer Weise beginnt man den Tauchgang an der Nordwest- oder Nordostseite: Beide haben ihren ganz eigenen Reiz. Direkt nach dem Absprung im Nordwesten liegen in rund 25 und 43 Meter Tiefe zwei Vorsprünge ins Freiwasser hinaus, die ideale Ausgangspositionen für mögliche Begegnungen mit großen Räubern sind und von ihrer Art her ein wenig an den „Sharkpoint" bei Little Brother erinnern. Von dort aus kann man die Westseite entlang streifen, wo große Gruppen von Barrakudas stehen, das Riff prächtig mit Hart- und Weichkorallen bewachsen ist und massig Schwarmfisch Langeweile noch nicht einmal im Ansatz aufkommen lässt.

Wer sich dagegen für die Ostseite entschieden hat, kann mit einem der üppigsten Gorgonienwälder rechnen, die das Rote Meer zu bieten hat. Von 5 bis in über 60 Meter Tiefe stehen sie dort, fächerförmig, mit einem Durchmesser, der stellenweise über drei Meter beträgt: die bekanntesten aller nicht-riffbildenden Korallen. Alle Gorgonien haben Polypen mit acht gefiederten Tentakeln und – was den meisten Tauchern noch wichtiger ist – sind der beste Fundort für den Langnasenbüschelbarsch, einem Tier, welches (aus mir unerfindlichen Gründen) unter Fotografen eine fast schon kultische Verehrung genießt. Wer jedoch eher auf Haisuche ist, kann nun ähnlich wie bei Daedalus immer wieder mal ins Blaue zucken, wo häufig Graue Riffhaie ihre Bahnen ziehen. Die Tiere treten hier meist als Pärchen auf, sind Tauchern gegenüber jedoch sehr scheu geworden – es ist schwierig, ihnen so nahe zu kommen, dass gute Fotoaufnahmen möglich sind.

Je weiter man in Richtung Süden taucht, umso geringer werden die Chancen auf eine Begegnung mit der Art, die die klassische Haiform verkörpert wie kaum eine andere. Dafür lohnt der Blick unter die zahlreichen Vorsprünge und Überhänge, die Habili Ali zu bieten hat: Unter ihnen sind immer wieder ruhende Weißspitzen-Riffhaie zu entdecken, von Tauchern auch liebevoll „Riffdackel" genannt. Der Süden des Riffes dagegen ist im Bereich unterhalb von 20 Metern eher tot, der Bewuchs nur noch spärlich ausgeprägt. Hier sollte das Tauchprofil deutlich flacher verlaufen, damit man einen Blick auf die Anemonenfelder bekommt, die unzähligen Clownsfischen zur Heimat wurden. Auch schwarze Korallen gibt es zu bestaunen: kurz, bevor man das ankernde Safarischiff erreicht hat.

 FAKTEN ZUM TAUCHGANG

Optimaler Tiefenbereich:
Bis 40 Meter
Strömung: Zeitweise
Für Anfänger geeignet:
Bedingt

Unbedingt anschauen:
Vorsprünge, Gorgonienwald,
Überhänge

HABILI GAFAAR

Wer die Tour in Ägyptens tiefen Süden antritt, hofft dabei auch immer auf Begegnungen mit den großen Lebewesen des Roten Meeres, auf Sichtungen von Hammerhaien, Mantas oder Grauen Riffhaien. Und Habili Gafaar (oft auch als Habili Soraya bezeichnet) ist neben Habli Ali und Gotha Soraya eines jener

Riffe, an denen dieser Wunsch Wirklichkeit werden kann. Das kleine Riff, welches von der Form her an eine umgedrehte Eistüte erinnert und dessen Spitze nur rund 20 Meter im Durchmesser misst, ist, was den Fischreichtum angeht, eines der ganz Großen. Barrakudas, Thunfische, Stachelmakrelen und Drückerfische zählen zu den ständigen Bewohnern, dazu ist der Bewuchs in allen Tiefenbereichen so überschäumend ausgebildet, dass sich kaum ein unbewachsener Fleck an den steil abfallenden Wänden ausmachen lässt. Kein Wunder, dass Habili Gafaar auf einer St.-Johns-Tour für viele Taucher das schönste Riff überhaupt darstellt.

Benannt wurde der Spot nach Kapitän Gafaar von der *M/Y Rosetta*, einem der ersten Kapitäne, die das Riff ansteuerten – und auch fanden. Früher, bevor das GPS *(Global Positioning System)* zum

Standard auf Tauchsafarischiffen wurde keine leichte Aufgabe: Das Riffdach liegt rund fünf Meter unter der Wasseroberfläche verborgen, ein winziger Fleck inmitten des Meeres, durch keine Markierung gekennzeichnet. Heute verhindern eher die Wetterbedingungen, dass die Schiffe bei Habili Gafaar festmachen können. Aufgrund der Topographie gibt es keinen Platz, an dem man geschützt vor Wind und Welle ankern kann. Doch wer hier ins Wasser springt, kann sich auf einen Tauchspot freuen, der alles bereit hält, was Tauchen in Ägypten ausmacht: Lotrechte Steilwände, Fisch, soweit das Auge reicht und eine Farbenpracht, die mit den weltweit besten Riffen mitzuhalten vermag.

TAUCHEN AN HABILI GAFAAR

Vom kleinen Riffdach aus betrachtet fallen die Wände von Habili Gafaar rundherum fast senkrecht bis in knapp 70 Meter Tiefe ab. Lediglich im Nordwesten stehen zwei kleine Nasen vom Riff weg; einmal in rund 25, einmal in 15 Meter Tiefe. Diese Plateaus im Miniformat wirken auf Mantas wie Licht auf die Motten: Sofern sich die größte aller Rochenarten in diesem Gebiet aufhält, trifft man sie zumeist hier an; bevorzugt an dem flacher gelegenen Vorsprung.

Ansonsten beginnt man den Tauchgang am besten, in dem man sich ohne Umwege auf die vorher vereinbarte Maximaltiefe sinken lässt und das Riff nun, langsam aufwärts steigend, zu umkreisen beginnt. Auf die Orientierung braucht man dabei nicht zu achten, spätestens an dem kleinen Riffdach ist man zwangsläufig wieder in der Nähe des wartenden Schiffes. Trotz des prächtigen Bewuchses und der vielen Riffische, die sich hier tummeln, sollte die Aufmerksamkeit hauptsächlich auf das Freiwasser gerichtet sein: Oftmals ziehen große Fischschwärme durch das fast schon transparente Blau, finden sich tausende von blauen Füsilieren zu großen Bällen zusammen, deren Anblick ein wenig an den aus Südafrika bekannten „Sardine Run" erinnert. Und wenn sich dann noch der Körper eines Grauen Riffhaies aus der Dunkelheit schält, hat sich der Abstieg bei Habili Gafaar gleich doppelt gelohnt: Das fette Grinsen, das viele Taucher nach dem Tauchgang hier im Gesicht tragen, könnte fast zum Markenzeichen dieses Spots werden!

Sofern die Wetterbedingungen es zulassen, bietet sich das zwischen drei und sechs Meter tief gelegene Riffdach für einen ausgedehnten Sicherheitsstopp an. Mindestens ein Oktopus ist immer zu finden, dazu zahlreiche Drachenköpfe und der ein oder andere Steinfisch: Sie krönen einen Tauchgang an einem Riff, welches nicht nur zu den schönsten dieser Tour gehört, sondern in ganz Ägypten kaum eine Konkurrenz zu fürchten hat.

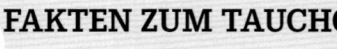

FAKTEN ZUM TAUCHGANG

Optimaler Tiefenbereich:
Bis 40 Meter
Strömung: Zeitweise
Für Anfänger geeignet:
Nur bedingt

Unbedingt anschauen:
Vorsprünge im Nordwesten,
Fischleben, Bewuchs

GOTHA SORAYA

Im nördlichen Teil des St. Johns-Gebietes, irgendwo zwischen Habili Ali und Um Aruk, liegt ein kleines, fast kreisrundes Riff (Gotha, frei übersetzt: rund, oval), welches auf keinem Tourenplan fehlen sollte: Gotha Soraya. Wie an allen guten Plätzen könnte man auch hier mehrmals hintereinander tauchen gehen und dennoch würde jeder Tauchgang immer wieder anders ausfallen. Obwohl das Riff mit seinen steil abfallenden Wänden im Durchmesser lediglich auf rund 80 Meter Breite kommt kann man hier alles vor die

Maske bekommen, was das Rote Meer zu bieten hat; angefangen von Mantas und Hammerhaien bis hin zu Nacktschnecken und einem Korallenbewuchs, der keinen Zentimeter Fels unberührt lässt. Gotha Soraya gehört – da kann es kaum zwei Meinungen geben – zu den besten Spots einer jeden St. Johns-Safari.

TAUCHEN AN GOTHA SORAYA

Wie an fast jedem Platz legen die Safariboote auch bei Gotha Soraya im Süden an, um so durch das Riff vor den zumeist aus Norden kommenden Wellen besser geschützt zu sein. Eine gute Crew wird darauf bedacht sein, an dem recht kleinen Riff nicht mit allzu vielen anderen Booten zu ankern: Sollten bei der Anfahrt schon mehrere Schiffe an dem Platz festgemacht haben, stehen im Umkreis von wenigen Seemeilen genügend Alternativen zur Auswahl. Denn seinen ganzen Reiz entfaltet Gotha Soraya meist nur dann, wenn man ihn recht exklusiv genießt – zu viele Taucher verderben den Brei.

Meist beginnen die Tauchgänge an der stärker der Strömung ausgesetzten Nordseite, die häufig mit dem Zodiac angefahren wird. Bis auf knapp 50 Meter fallen die Wände hier ab, dann folgt eine schmale Kante, bevor es weiter in die Tiefe geht. In punkto Fischreichtum ist „enorm" noch als Untertreibung anzusehen; neben den üblichen Verdächtigen kreisen hier immer wieder Graue Riffhaie und Hammerhaie durch das Freiwasser, selbst Fuchshaie wurden schon gesichtet. Wem das noch immer nicht genügt: Mit ein wenig Glück kommt ein hier fast schon stationär lebender Manta mit gut drei Meter Spannweite vorbei, der auch gerne mal länger bei den Tauchern verweilt. Man kann sich bei der Suche nach ihm ruhig Zeit lassen; aufgrund der geringen Distanzen ist das Safarischiff im Rahmen eines Tauchganges locker wieder zu erreichen.

Von Norden aus kann man nun den Weg über die West- oder
Ostseite wählen. Wer sich mit dem Riff an der rechten Schulter
in Richtung Osten orientiert, erreicht im Südosten bald einen
imposanten Gorgonienwald, in dem sich Largnasenbüschelbar-
sche versteckt halten. Peitschenkorallen recken sich in Richtung Freiwasser, durch das immer wieder Makrelenschwärme
ziehen; Füsiliere sammeln sich in großen Gruppen, Graue Riffhaie
verschwimmen diffus mit dem dunklen Blau. Ein Platz, wie
geschaffen für Rotmeerträume.

Wer sich dagegen für die Westseite entschieden hat, sollte
nach gut der Hälfte der Wegstrecke sein Augenmerk auf einen

Ergauswuchs in 16 Meter Tiefe richten, der über und über mit Weichkorallen besiedelt ist. Weitere 30 Meter in Richtung des ankernden Schiffes tauchend, kommt man dann an einem Kamin vorbei, der in elf Meter Wassertiefe beginnt und fast bis an die Oberfläche reicht. Rund vier Meter hat dieser im Durchmesser, sein Eingang ist wunderschön mit schwarzen Korallen verziert. Kurze Zeit später hat man dann auch schon die Südseite von Gotha Soraya erreicht, den Platz, an dem es immer wieder zu Begegnungen mit Weißspitzen-Hochseehaien kommt, die hier gerade in den Herbstmonaten gerne einen Zwischenstopp einlegen.

FAKTEN ZUM TAUCHGANG

Optimaler Tiefenbereich:
Bis 40 Meter
Strömung: Zeitweise

Für Anfänger geeignet:
Bedingt
Unbedingt anschauen:
Nordseite, Gorgonien, Kamin

TAUCHSATIRE: ROSWITHA PART IV

VOLLE BACKEN

Mittleres Deck, 22 Uhr, der Elberrücken ist angepisst. Ich weiß, „sauer", „ungehalten" oder „nicht amüsiert" klingt jetzt deutlich eleganter, trifft es aber nicht annähernd so gut. Das Einzige, was seine Laune jetzt noch knapp über den Gefrierpunkt heben kann, ist ein eiskaltes Bier der Marke Sakara. „Unser Guide ist 'ne Wurst und die meisten Mitreisenden Vollpfosten, die nur aufs Schneckenschubsen aus sind. Kann ja eine tolle Woche werden." Dann nimmt Theo noch einen Schluck aus der Dose und rülpst leise in den ägyptischen Abendhimmel. „Aber die Roswitha hat sich ganz schön entwickelt – noch zwei Touren und die ist ein richtiges Wildschwein unter Wasser." Ich gebe zustimmende Grunzlaute von mir und lasse den Blick über unsere Gefährten schweifen: Eigentlich finde ich sie gar nicht

so schlecht, die Truppe. Markus und Norbert kommen von einem Solinger Tauchverein, beide gut 300 Tauchgänge im Logbuch und heiß auf Großfischbegegnungen und Höhlen. Locker, relaxt, lustig, mit den Zweien kann man arbeiten. Dann Tobias, Regine und Stefan: Drei Freunde aus dem Süddeutschen, erfahrene Taucher, eher ruhig, die meist unter sich bleiben. Erwin ist mir durch seinen Ruhrpottdialekt ja eh schon ans Herz gewachsen und Sina, eine allein reisende Brünette, sieht einfach zu niedlich aus, um sie nicht zu mögen.

Doch das krudeste Pärchen an Bord sind sicherlich Malte und Jacqueline. Er mit gestutztem Vollbart, Seidenschal und Zigarre am Abend, sie mit Arschgeweih, Piercings und blonden Strähnen: Das perfekte Covergirl für ‚Ballermann Fetenhits:

Volume 23", gesegnet mit einem Dialekt, der sie eindeutig dem Freistaat Sachsen zuordnet. Malte dagegen ist Journalist, und nicht irgendeiner: Er arbeitet bei einer Zeitung, die als Hort für Intellektuelle gilt und dort im Ressort „Feuilleton". Jetzt muss man wissen, dass Schreiber des Feuilleton (sprich: „Völletohn") sich sowieso für eine Elite halten, geborene Edelfedern allesamt. Für mich sind die meisten, die ich kennengelernt habe, nur verkackte kleine Spießer, die in der Jugend wahrscheinlich zu selten Sex hatten und schon in der Schule jeden Klassenkameraden mit ihrem pseudo-intellektuellem Geschwafel zu Tode gelangweilt haben. Wie auch immer: Bei Malte trifft dies definitiv zu. Über seine Figur lässt sich nur sagen, dass sie vorhanden ist. Reichlich. Dummerweise geht diese Figur eine Paarung ein mit der Neigung, die Badehosen zwei Nummern zu klein zu kaufen, was bei jeder Beugung nach vorne die obere Hälfte der Pobacken inklusive Ritze freilegt: Das sogenannte „Taucher-Dekolleté", in diesem Fall in einer leicht haarigen Variante.

Bei Roswitha führt der Anblick von Ritze und Backen stets zu einem angeekelten Kräuseln der Nase, wohingegen Jacqueline krampfhaft versucht, von dem Anblick abzulenken, und zwar mit dem, was sie am besten kann: Sie redet. Und sächselt. Und redet. Und sächselt. So lange, bis der Göttergatte sich bequemt, wieder eine aufrechte Stellung einzunehmen. Was aber leider häufig länger dauert: Denn so geschickt er wahrscheinlich mit einer Schreibmaschine umgehen kann, so dämlich stellt er sich beim Zusammenbau des Equipments an. Kommen die Schläuche des Atemreglers nun nach links oder rechts und in welche Richtung dreht man jetzt die erste Stufe am Ventil fest? Fragen, deren Lösung er die komplette Woche hinterher hechelt und die ihm an Bord recht schnell den Beinamen „Trottel-Taucher" einbringen.

Wer mit wem?

Die Nacht geht, der Morgen kommt und mit ihm das Briefing für den ersten Tauchgang. Habili Ali nennt sich das Riff, eine Nadel unter Wasser, deren höchster Punkt auch bei Ebbe die Wasseroberfläche nicht erreicht. Gute Chancen auf Großfisch, öfter mal Strömung, steil abfallende Wände. Theo ist glücklich. Zumindest bis Jürgen, der deutsche Guide, folgenden Hinweis loslässt: „Wir tauchen sicher, das heißt: Maximal 30 Meter, keine Dekotauchgänge, viel Spaß!" Meine Taktik wäre jetzt folgende: Freundlich lächeln, bekräftigend mit dem Kopf nicken und dann unter Wasser machen, was ich will. Doch Theo wäre kein geborener Silberrücken, wenn diese Nummer nicht bis ins Letzte ausdiskutiert werden müsste. Die Begriffe „maximal 30 Meter" und „keine Dekotauchgänge" zusammen in einem Satz mit „viel Spaß"? Das ist für Theo zuviel! Er baut sich vor dem Guide auf und lässt einen Schwall Sätze los, in denen sich Begriffe wie „Idiot", „Ahnungsloser" und „ich glaube, es hackt!" in Massen finden.

Während Theo noch diskutiert, habe ich mir Sina als Buddy gepackt. Die zwei Solinger Vereinskameraden tauchen alleine, Roswitha taucht mit Erwin – schließlich ist Roswitha jetzt Divemasterin und erpicht darauf, auch jemanden zu finden, an dem sie ihr neu erworbenes Wissen ausprobieren kann. Für Theo bleibt wohl nur die Rache Sachsens an den Westdeutschen und die intellektuelle Poritze übrig, es sei denn, er mag mit dem Guide ein disharmonisches Pärchen bilden oder sich den schweigsamen Süddeutschen anschließen. Für

mich hingegen entpuppt sich Sina unter Wasser als Glücksgriff: Zwar noch recht unerfahren, aber mit einer Wasserlage versehen, der man anmerkt, wie wohl sie sich in diesem Element fühlt. Luftverbrauch? Vernachlässigbar. Bewegungen? Elegant. Körper? Manche Formen können auch durch fünf Millimeter Neopren nicht entstellt werden. Fische? In dem Moment gänzlich uninteressant. Sie finden, der Text wird gerade etwas sexistisch? Schuldig.

Irgendwann begegnen wir der Truppe rund um Roswitha und was man da sieht, lässt einen unweigerlich an Ausbilder Schmitt denken: Sobald sich Erwin mehr als einen Meter von ihr fortbewegt, rasselt Roswitha mit dem Shaker und donnert drohend beide Zeigefinger aneinander. Alles hört auf ihr Kommando, die Schäcnen nicken schuldvoll und schmiegen sich ängstlich aneinander. Roswitha schaut drohend, hebt mahnend einen einzelnen Zeigefinger und wendet sich dann wieder um, stets bereit, die Gruppe weiterhin mit harter, aber gerechter Hand zu führen.

Sina und ich turnen gerade gemütlich auf der 40-Meter-Linie herum, als zwei Dinge gleichzeitig passieren: Von oben stürmt der Guide an uns vorbei in die Tiefe, geradewegs auf die Luftblasen zu, die geschätzte 20 Meter tiefer ihren Ursprung haben. Drei Minuten später kommt er wieder zurück, begleitet von einem Silberrücken, der ihn am Jacket gepackt hält und dem man das breite Grinsen sogar hinter der Maske ansieht. Direkt daneben: Jacqueline, die dankenswerter Weise unter Wasser nicht reden kann. Der Trottel-Taucher? Nirgends zu sehen.

Des Chaos Lösung

Als wir kurze Zeit später auftauchen, werden wir an der Taucherleiter von einem sächsischen Geschnatter begrüßt, vorgebracht in einer Tonlage, bei der sich die letzten Silben der Wörter konstant überschlagen. Und während Jacqueline quasselt und der Guide bedrückt zu Boden schaut, offeriert der Silberrücken schon die Lösung: „Ich hab mir Jacqueline gepackt und bin mit der alleine runter, mal ordentlich Druck auf die Birne, dachte, das lähmt ihr Sprachzentrum. Der Vollpfosten (Blick zum Guide) war mit Malte unterwegs und hat den dann irgendwann

verloren. Sieht unsere Luftblasen, denkt, die kämen vom Trottel-Taucher und stürzt sich in die Tiefe. Hat ihn dort natürlich zerbröselt, den Depp. Also bring ich den am Kragen wieder hoch und hätte jetzt gerne ein Bier dafür." Wo Malte abgeblieben ist, weiß Theo dagegen auch nicht. Die Suchaktion mit beiden Zodiacs verläuft ohne Ergebnis. Silberrücken starrt aufs Meer, der Guide schweigt, Jacqueline redet ohne Punkt und Komma.

Eine Stunde später dann das große Aufatmen: Unser Trottel-Taucher ist zurück an Bord! Er hatte Guide Jürgen unter Wasser mit dem Guide der daneben ankernden „M/Y Longimanus" verwechselt und war diesem dann treu bis aufs Boot gefolgt. Seinen Irrtum bemerkte er erst, als er auf dem anderen Schiff bei einem Glas Tee „rudimentäre Unterschiede in der Salongestaltung" entdeckte. Gut so. Denn andernfalls hätte Malte, der „Völletohnist", gemeinsam mit Jaqueline wohl noch die Schlagzeile der BILD-Zeitung bestimmt: *„Verschwundener Trottel-Taucher: Jetzt redet die Freundin!"*

Veröffentlicht in Divelnside
Ausgabe 10/10

PARADISE REEF

„Take me down to the paradise city, where the reef is green and the caves are pretty": Der leicht abgewandelte Guns N' Roses-Song passt wunderbar zu einem Riff, welches für viele Taucher rockt wie kaum ein anderes. Und dies, obwohl die reinen Eckdaten zunächst kaum Aufregendes verheißen: Maximal zwanzig Meter ist es hier tief, spektakuläre Fischbegegnungen sind nicht zu erwarten, ein Wrack gibt es weit und breit nicht. Auch aus der im Süden liegenden Lagune, die den Schiffen als

Ankerplatz dient, ist nicht ersichtlich, was an diesem Tauchplatz besonders sein soll. Um das herauszufinden, muss man hinein ins Wasser und am besten jemanden bei sich haben, der sich in dem Gewirr aus Höhlen, Durchbrüchen und Gängen wirklich auskennt.

Die meisten Tauchguides tun dies leider nicht. Sie tauchen in denselben Eingang rein wie alle, kommen in denselben großen Raum wie alle, folgen demselben U-förmigen Gang wie alle, solange, bis sie wieder in den großen Raum gelangen und das Riff an ungefähr der gleichen Stelle verlassen, wo sie es betreten haben. Wie langweilig: Dies ist ungefähr so, als wenn man Axel Rose aus einer VIP-Lounge und einiger Entfernung heraus bei seiner Bühnenshow beobachten würde. Dabei entfaltet „Paradise City" seinen Reiz erst dann, wenn man im Epizentrum des Geschehens ist. Hier gilt das Motto: „Mittendrin statt nur dabei!"

TAUCHEN AM PARADISE REEF

Nach dem Abstieg vom Boot aus wendet man sich direkt dem Riff zu, wo der Eingang bereits in wenigen Metern Wassertiefe sichtbar ist. Oftmals liegen hier Blaupunktrochen auf dem Korallensand herum, die Tauchern gegenüber abgehärtet sind und nur wenig Scheu zeigen. Vier, fünf Flossenschläge weiter erreicht man den ersten großen Raum, wo man, anstatt nun der Krümmung des U-förmigen Ganges zu folgen, die erste Abzweigung wählt, die geradewegs tiefer in das Riff hinein führt und hin zu Stellen, die sich verengen, um anschließend erneut in die Breite zu gehen. Ständig kommen neue Gabelungen, neue Räume, neue Engstellen. Und auch, wenn durch die diversen Löcher im Riffdach permanent Licht einfällt: die Plätze, an denen man problemlos auftauchen kann, sind äußerst spärlich gesät. Alleine, ohne genaue Riffkenntnisse oder ohne einen kundigen Guide, sollte man sich auf keinen Fall so weit ins Innere vorwagen!

Insgesamt kommen die Gänge auf weit über 100 Meter Gesamtlänge; das Fischleben ist dagegen höhlentypisch nur karg ausgeprägt; Nacktschnecken, Krebse, Husarenfische und Beilbauchberglinge stellen fast schon das komplette Innenleben dar. Ein Tauchgang im Paradise Reef lebt von der Topografie, von den Lichtspielen, die über dem Sandgrund aufgeführt werden und von der Anforderung an das eigene taucherische Können, immer dafür zu sorgen, bei dem Auf und Ab im flachen Wasser ständig die Kontrolle über die eigene Tarierung zu behalten. Und er lebt von dem Können und Wissen der Person, die voran taucht und

die im Idealfall ein Guide im wahrsten Sinne des Wortes ist: Ein kundiger Führer durch die Unterwasserwelt. Mit ihm kann man am Paradise Reef eine Stunde unter Wasser verbringen, ohne das Innere zu verlassen und ohne, dass man an den gleichen Stellen mehrmals vorbei taucht – und das rockt!

Welchen der insgesamt acht Ein- und Ausgänge man am Ende nimmt, spielt dagegen keine Rolle mehr. Das Schiff liegt nie weit entfernt und auch das Äußere des Riffes ist mit seiner Anemonenkolonie, dem Bewuchs aus den unterschiedlichsten Hartkorallen und den Seenadeln innerhalb der Lagune durchaus einen Tauchgang wert.

ℹ️ FAKTEN ZUM TAUCHGANG

Optimaler Tiefenbereich:
Bis 10 Meter
Strömung: Nein
Für Anfänger geeignet:
Ja (mit Guide)

Unbedingt anschauen:
Topografie, Lichtspiele, Hartkorallen

UM ARUK

Tauchen bei Um Aruk (oft auch als Um El Aruk bezeichnet) bedeutet, auf eine Unterwasserlandschaft zu stoßen, deren
Anblick zu den bizarrsten Orten gehört, die das Rote Meer zu
bieten hat. Rund um ein kleines Riff herum liegen auf dem maximal 25 Meter tiefen Sandgrund mehrere Korallenblöcke, deren
Formationen an „Stonehenge" erinnern und die auch ein Teil der
Landschaften aus „Herr der Ringe" sein könnten. Sie reichen bis
auf zwei Meter Tiefe hinauf, wirken wie von Menschenhand geschaffen und sind im Durchmesser zwischen anderthalb und vier
Meter breit. Fast schon magisch erscheint dieser Ort, unwirklich,

surreal, so ganz anders als alles, was an Riffen im näheren Umkreis sonst noch zu finden ist.

Neben der beeindruckenden Topografie erwartet den Taucher
auch ein interessantes Fischleben, in dem standorttreue Wimpelfische nicht die einzigen Highlights bleiben: An kaum einem
anderen Ort der Tour ist die Chance größer, einen der im Roten
Meer recht seltenen Leopardenhaie vor die Maske zu bekommen.

TAUCHEN BEI UM ARUK

Beginnen sollte man den Tauchgang am südwestlichen
Doppelblock, an dem sich neben der standorttreuen Schule von
Wimpelfischen häufig auch Süßlippen aufhalten, die in dieser
Kulisse prächtige Fotomotive abgeben. Von hier aus zieht man geradewegs weiter in Richtung Osten, wo dann ein zweiter Doppelblock wartet, zwischen dem Zitronenfalter hin- und herwuseln.
Selbst die Sandfläche zwischen den beiden Doppelblöcken, die
fast bis an die Oberfläche reichen, verdient erhöhte Aufmerksamkeit: Häufig lässt sich dort ein ruhender Weißspitzen-Riffhai
entdecken, der jedoch bei Annäherung durch Taucher schnell
das Weite sucht. Da die Orientierung bei Um Aruk – gerade,
wenn man sich außerhalb der Sichtweite des Hauptriffes bewegt – nicht ganz einfach ist, empfiehlt sich die Mitnahme eines
Kompasses: Spätestens am Ende des Tauchganges erspart dieser
einem meist den „Wo-ist-das-Boot-Blick?" an der Oberfläche.

Das Riff an der linken Schulter lassend, taucht man nun geradewegs in Richtung Norden, hin zu rund 20 weiteren kleinen
Blöcken, die allesamt sehr schön mit Korallen besiedelt sind und
viele Blaupunktrochen beheimaten. Auch das Hauptriff ist in diesem Bereich mehr als nur einen Blick wert, gerade dann, wenn
der Zebra- oder Leopardenhai zu Besuch ist, der sich meist unter einem der kleinen Vorsprünge versteckt hält. Diese für den

Menschen harmlose Haiart wird maximal zweieinhalb Meter lang und ernährt sich bevorzugt von Muscheln und Schnecken, von Krebsen und kleineren Fischen. Meist ist er im Rahmen eines Nachttauchganges zu sehen der sich an Umm Aruk gleich doppelt lohnt: Neben dem Hai leuchten im Schein der Tauchlampen hier oftmals auch Spanische Tänzerinnen auf, die mit die begehrteste „Beute" von Unterwasserfotografen darstellen.

Im Süden ist das Hauptriff dagegen deutlich unattraktiver; der Bewuchs spärlich, einige Bereiche von früheren Ankermanövern arg in Mitleidenschaft gezogen. Dann doch lieber nochmal an

den ersten Doppelblock heran, an dem man die letzten Meter
langsam auftauchen kann und dabei noch allerhand zu sehen
bekommt.

FAKTEN ZUM TAUCHGANG

Optimaler Tiefenbereich:
Bis 25 Meter
Strömung: Manchmal
Für Anfänger geeignet: Ja

Unbedingt anschauen:
Die großen Doppelblöcke,
Topografie, Fischleben

FARCHA
DANGEROUS

Ganz tief im Süden von St. Johns liegt ein Riff, dessen
Name mit den Gegebenheiten vor Ort kaum etwas gemein hat:
Das Dangerous Riff, ein alles andere als gefährlich wirkender

Tauchplatz. Das hufeisenförmige Riff ist von maximal 23 Meter tiefem Wasser umgeben, bietet einen vor Wellen gut geschützten Ankerplatz und Korallengärten, die wie geschaffen für einen relaxten Tauchgang sind. Zwischen zahlreichen Korallenstöcken wuselt das pralle Rotmeerleben, nur auf Großfisch hofft man meist vergebens. Oftmals bleibt das Schiff über Nacht hier, wird ein Nachttauchgang angeboten: Die Orientierung innerhalb der Lagune ist einfach, die Tiefen sind gering und die Chancen, auf eine der so heißbegehrten Spanischen Tänzerinnen zu stoßen, extrem hoch. Kein Platz für Adrenalinjunkies – jedoch einer jener Spots, in denen Tauchen einfach nur entspannend, bunt und abwechslungsreich ist.

Der wahre Schatz des Dangerous Riff dagegen liegt im Norden, rund zehn Fahrminuten entfernt: Farcha Dangerous, eine dem Hauptriff vorgelagerte Bank, die zu den unberührtesten Tauchplätzen zählt, die es in Ägypten zu finden gibt. Nur selten wird er von Safaribooten angesteuert; er ist in keinem Tauchreiseführer zu finden, war nie Bestandteil eines Berichtes in den einschlägigen Magazinen. Für Moni Hofbauer, ehemals Guide auf der *Number One* und der *Seven7Seas*, beherbergt der Spot unter anderem „den vielleicht schönsten Erg, den das Rote Meer zu bieten hat."

TAUCHEN AN FARCHA DANGEROUS

Schon den Platz zu finden, ist eine Kunst für sich: Farcha Dangerous besteht aus einem Sandplateau in 20 bis 25 Meter Tiefe, über das häufig die Strömung kachelt und welches an den Seiten in ein Drop-off übergeht. Falls ihr Guide zu den Guten gehört und einen Tauchgang hier anbietet, sollten sie das Angebot unbedingt annehmen: Allzu häufig hat man nicht mehr die

Möglichkeit, einen nahezu unberührten und wie verwunschen daliegenden Tauchplatz vor die Maske zu bekommen.

Schon auf dem Sandplateau steht Erg an Erg, alles ist intakt, keine zerbrochene Koralle zerstört das Bild. Mächtige Gorgonien recken sich in die Strömung, nahezu jede von ihnen dient einem Langnasenbüschelbarsch als Versteck. Um sie herum ziehen riesige Gruppen von Schwarz-Weiß-Schnappern, Süßlippen und Wimpelfischen; auf dem Grund finden sich häufig schlafende Weißspitzen-Riffhaie und viele Blaupunktrochen. Irgendwann jedoch sollte man sich vor dem Anblick lösen und Kurs auf die Nordwestseite nehmen, wo sich am Drop-off ein mächtiger Erg aus 39 Meter Tiefe bis rauf auf 17 Meter erhebt. Der bis zu sieben Meter breite Pfeiler ist meist von solchen Fischwolken umgeben, dass man sich erst einmal den Weg freikämpfen muss, um seinen prächtigen Bewuchs bestaunen zu können. Hier, an dieser Stelle, scheint die Zeit fast still zu stehen, findet der Unterwasserbesucher Rotmeertauchen in Vollendung vor.

Man könnte alleine an diesem Erg eine komplette Stunde verbringen, abwechselnd den Bewuchs und das Fischleben bewundern und von Zeit zu Zeit ins Blauwasser schauen, durch das immer mal wieder Adlerrochen ziehen. Doch irgendwann geht der Luftvorrat zur Neige und es wäre schade, wenn man auf dem Rückweg keine Zeit mehr für die weiteren Schönheiten des Tauchplatzes übrig hätte. Makrofreunde finden auf dem Plateau Nacktschnecken und Strudelwürmer im Dutzend, während Großfischsucher den Blick immer wieder mal zur Oberfläche richten sollten: In den letzten beiden Jahren wurden über Farcha Dangerous häufig Weißspitzen-Hochseehaie gesehen, die dann einen Tauchgang krönen, der eine solche Krönung gar nicht mehr nötig hätte. Und so ist dieser Spot nicht nur ein unvergessliches Erlebnis für jene, die hier durch die Unterwasserwelten streifen, sondern auch eines der schlagkräftigsten Argumente auf die Frage, warum es eigentlich eine Tauchsafari braucht, um die Wunder des Roten Meeres in vollem Umfang entdecken zu können.

FAKTEN ZUM TAUCHGANG

Optimaler Tiefenbereich:
20 bis 40 Meter
Strömung: Häufig
Für Anfänger geeignet:
Mit Einschränkungen

Unbedingt anschauen:
Plateau, Drop-off, Erg auf der
Nordwestseite

SERVICE

ALLES WICHTIGE
RUND UM DIE TAUCHSAFARI

Gibt es ein Rezept, wie die eigene Tauchsafari zum unvergesslichen Erlebnis wird? Im Prinzip schon: Viel wichtiger noch als die Wahl des Schiffes – sofern es sich nicht gerade um einen „Seelenverkäufer" handelt – ist das Miteinander an Bord, einerseits zwischen den Gästen untereinander, andererseits zwischen Gästen und Crew. Wer mit einer möglichst großen Gruppe anreist, hat im erstgenannten Punkt schon gute Karten. Doch noch entscheidender ist, was der Einzelne bereit ist, daraus zu machen: Eine Tauchsafari ist kein Kinobesuch, bei dem man passiv genießt und sich von außen bespaßen lässt. Eine Tauchsafari ist ein aktives Urlaubserlebnis, bei dem eine relativ große Menge an Menschen über eine relativ lange Zeit auf einem relativ kleinen Ort zusammen harmonieren muss – verbunden zumindest durch die gemeinsame Liebe zur Unterwasserwelt. Für Sozialpädagogen müsste dies ein perfektes Forschungsfeld ergeben: Es ist erstaunlich, wie schnell Fremde im günstigsten Fall binnen weniger Stunden eine gemeinsame Gruppendynamik entwickeln können und nach einer Woche als Freunde auseinander gehen. Ebenso erstaunlich ist es allerdings, wie sehr sich einige Wenige dem verweigern und wirken, als sei es ihr Job, alles und jeden an Bord zu kritisieren; gerade so, als würde im Nörgeln ihr wahres Urlaubserlebnis liegen. Meist hilft da nur eines: Solche Personen konsequent links liegen lassen. Denn die Tage an Bord und die damit verbundenen Erlebnisse unter Wasser sind viel zu schön, um sich von Miesepetern die Stimmung verderben zu lassen. Näher als auf einer Tauchsafari kann man seinem Lieblingshobby kaum kommen.

WELCHES BOOT BUCHEN?

Die gute Nachricht vorweg: Richtig schlechte Boote werden auf dem deutschen Markt kaum noch angeboten, zu groß ist das Angebot und damit auch der Konkurrenzdruck der Anbieter untereinander. Auch Schiffe der Mittelklasse bieten heute schon eine Ausstattung, von der man vor ein paar Jahren in dieser Preiskategorie nur träumen konnte: Klimaanlage sowie eine separate Dusche und WC pro Kabine sind Standard geworden, das Essen in der Regel gut genießbar, der Service liebevoll und aufmerksam. Häufig sind die Schiffe der Mittelklasse schon ein wenig älter und haben Baulängen zwischen 23 und 32 Metern, was sie bei Überfahrten ein wenig schaukliger macht als die neuen und deutlich größeren Boote der Luxusklasse. Doch ist dies der einzige Unterschied?

Nein: Wer ein wenig mehr bezahlt, bekommt auch ein wenig mehr. Flatscreens und DVD in der Kabine, einen vom Salon abgetrennten Essbereich, qualitativ besseres Essen, eine hochwertigere Inneneinrichtung, größere Kabinen und ein größeres Sonnen- sowie Tauchdeck, welches man sich dann aber auch meist mit einer größeren Anzahl von Gästen teilen muss. Dazu kommt häufig noch eine separate Bar auf dem Oberdeck, was bei Getränkewünschen den Weg über die Treppe nach unten in den Salon erspart. Alles nette Details, die eine Woche an Bord angenehmer werden lassen, jedoch nicht zwingend notwendig sind. Wie viele Euros einem dies wert ist, bleibt eine Einzelentscheidung.

Das Sonnendeck eines Schiffes der gehobenen Kategorie (Seawolf Soul)
im Vergleich zu einem der Mittelklasse (Thunderbird)

Hat man sich erst einmal für eine Kategorie entschieden, bleibt immer noch die Frage offen, welches Boot dieser Kategorie man jetzt buchen soll. Nun konkrete Namen zu nennen, ist schwierig; viel hängt von den Guides an Bord ab, vom Koch und vom Kapitän. Und diese wechseln leider recht häufig: Was in diesem Jahr noch ganz toll ist, kann im Folgejahr mit einer anderen Besatzung schon nur noch Mittelmaß sein. Wer sich nun aktuell informieren möchte, hat dafür drei praktikable Möglichkeiten: Zum einen sind da die Meinungen befreundeter Taucher, deren eigene Erfahrungen allerdings nicht allzu lange zurückliegen sollten und die auch mehrere Boote kennen müssten, um vergleichen zu können. Dann haben wir das weltweite Web: Taucher.Net beispielsweise hat eine Erfahrungsdatenbank mit knapp 2000 Berichten alleine zu den Safaribooten in Ägypten. Perfekt für den, der zwischen den Zeilen lesen kann und die dargebrachten Meinungen mit seinen eigenen Vorstellungen abzugleichen vermag. Die dritte Variante betrifft die Reiseveranstalter: Suchen Sie sich einen aus, der schon lange im Geschäft ist und einen Schwerpunkt auf Tauchsafaris gelegt hat; der die Schiffe aus eigener Erfahrung kennt, eine gute Beratung bietet – und dann vertrauen Sie ihm einfach! Wer jetzt noch seine Vorstellungen diesem gegenüber klar zum Ausdruck bringt, wird selten enttäuscht: Kunden, die zufrieden sind, bleiben „ihrem" Veranstalter meist treu – einmal verprellte Kunden bekommt man kaum zurück.

Eine Standard-Doppelkabine auf einem Schiff der gehobenen Kategorie (Seawolf Soul), daneben eine Suite auf einem Luxusschiff (Seawolf Galaxy)

MIT WELCHER TOUR BEGINNEN?

Wer noch nie auf einer Tauchsafari in Ägypten war, hat die freie Auswahl. Die Nordtour ist, bis auf das Wrack der Rosalie Moller, für alle Erfahrungsstufen gut geeignet. Doch trotz der schönen flacheren Plätze und einiger netter Steilwände sollten Gäste hier schon ein gewisses Interesse für Schiffswracks mitbringen und sich für deren Historie und Erkundung interessieren; andernfalls mag ihnen der ganze Schrott unter Wasser nach ein paar Tagen vielleicht langweilig werden.

Eine Safari hin zu Brothers, Daedalus und Elphinstone beinhaltet die vielleicht spektakulärsten Tauchspots in Ägypten, stellt dafür aber auch die höchsten Anforderungen an das taucherische Können der Besucher. Die häufig weilige Überfahrt, viele Zodiacfahrten, dazu oftmals Strömung und schnelle Abstiege im Freiwasser: Gerade weniger erfahrene Taucher fühlen sich an den küstenfernen Riffen schnell mal überfordert.

St. Johns hingegen ist das variantenreichste Tauchgebiet in Ägypten: Weniger Wracks als im Norden, weniger Großfisch als an den Brothers oder bei Daedalus, dafür aber von allem etwas. Hinzu kommen die schönen Korallengärten sowie zahlreiche Höhlensysteme, die für weitere Abwechslung sorgen. Und so ist die Fahrt nach St. Johns die wahrscheinlich beste Variante für die erste Tauchsafari, nach der man anschließend auch zumeist weiß, was einen unter Wasser stärker fasziniert: Wracks oder Großfisch.

SICHERHEIT AN BORD

Neben einer gut bestückten Bordapotheke gehört Sauerstoff zur obligatorischen Ausstattung eines jeden Safarischiffes. Die Flaschen sollten gut gefüllt und ohne Werkzeugsuche zu

öffnen sein, die Beatmung mindestens über Maske und Demant-
ventil/Atemregler erfolgen, besser noch über einen Ambubeutel
(Rubenbeutel) und Demantventil.

Einige Schiffe haben auch ein Gerät zur Luftüberwachung bei
der Befüllung der Tauchflaschen an Bord, welches anzeigt, ob
die Luft verunreinigt ist und wann der Filter des Kompressors
gewechselt werden muss.

Radar, GPS und Satellitentelefon dienen der Schiffssicherheit,
ebenso Rauchmelder und Feuerlöscher in den Kabinen, Gängen
und sonstigen Räumen. Der Maschinenraum sollte über eine
Brennstoffabsperrung verfügen sowie im Idealfall über eine
automatische CO_2-Löschanlage.

Die meisten Unfälle passieren auf einem Safarischiff nicht
beim Tauchen selber, sondern im Umfeld. Scharfkantige Schrauben, splitternde Holzteile oder ähnliches haben auf einem Schiff
nichts verloren und sollten umgehend der Crew gemeldet werden. Zwei ausreichend lange und auch mit Flossen begehbare
Tauchleitern am Heck des Schiffes sorgen für weniger Stress
beim Einstieg, ein rutschfestes Tauchdeck für weniger Stürze
in voller Montur.

Ein besonderes Sicherheitsmerkmal stellt das ENOS (Elek-
tronisches Notruf- und Ortungssystem) dar, welches auf immer
mehr Tauchsafarischiffen angeboten wird. Hierbei wird jedes
Buddyteam (bei manchen Schiffen auch jeder einzelne Taucher)
mit einem Sender ausgestattet, welchen er aktivieren kann,
sofern Strömung oder eine verfehlte Tauchgangsplanung ihn
weit vom Schiff entfernt haben auftauchen lassen. Bei der Ak-
tivierung des Systems geht an Bord ein Alarmsignal los und
die Crew sieht auf einem Display die genaue Richtung und Entfernung des Tauchers: Gerade an den strömungsexponierten
Außenriffen ein erheblicher Sicherheitsgewinn. Boote, die mit
ENOS ausgestattet sind, sind die Seawolf-Schiffe *Soul, Galaxy*
und *Felo,* die *Seven7Seas* sowie die *Independence II* (Stand
November 2010).

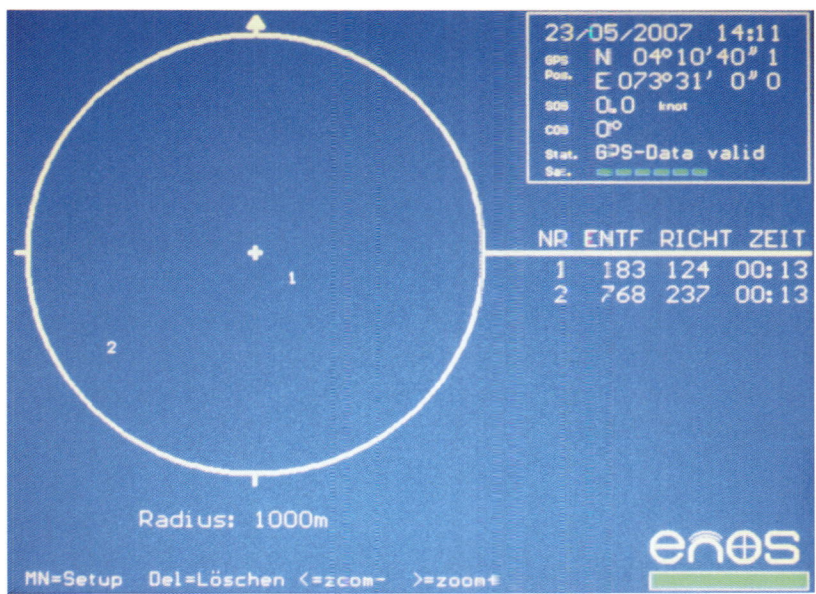

WAS HEISST
„FÜR ANFÄNGER GEEIGNET"?

Unter jeder Tauchplatzbeschreibung in diesem Buch findet sich der dementsprechende Punkt – doch was ist damit eigentlich gemeint? Wann ist jemand ein Anfänger, wann nicht mehr? Dies an der bloßen Tauchgangsanzahl oder Brevetierung festzumachen, wäre zu einfach: Ein Taucher mit 50 Tauchgängen, die er alle binnen eines Jahres im Roten Meer gemacht hat, ist auf einer Safari sicherlich „erfahrener" als jemand mit 100 Tauchgängen, die er sich innerhalb von zehn Jahren in deutschen Seen zusammengetaucht hat.

Eine allgemeingültige Regel für „erfahren" und „unerfahren" kann es also nicht geben – jedoch Punkte, die in Bezug auf dieses Buch eine Einordnung möglich machen. Der erfahrene Taucher im

Sinne dieser Einordnung sollte folgende Merkmale erfüllen: Mindestens 150 Tauchgänge insgesamt, dazu sollte er regelmäßig tauchen gehen und Erfahrung mit Strömung, Deko- und Freiwassertauchgängen besitzen. Er sollte in der Lage sein, auch ohne Guide selbstständig zu tauchen, seinen Tauchgang zu planen und verantwortungsbewusst zu handeln. Mit Anfänger hingegen ist jemand gemeint, der zwischen 50 und 100 Tauchgänge absolviert hat; die meisten davon im Urlaub und in Begleitung eines Guides. Alles dazwischen habe ich „mit Einschränkungen" und als „bedingt" gekennzeichnet. Taucher mit weniger als 50 Tauchgängen tun sich dagegen mit einer Safari in den meisten Fällen noch keinen Gefallen.

UMGANG MIT DER CREW

Mit den Männern der ägyptischen Crew gut auszukommen, ist wirklich einfach: Seien Sie freundlich, fragen Sie nach dem Namen und nach der Familie und schon hat man das, was man allgemein als „gutes Verhältnis" beschreiben kann. Wer sich dazu noch ein paar Brocken Arabisch aneignet, hat zumeist komplett gewonnen. Um Streitigkeiten aus dem Wege zu gehen, ist es aber genauso erforderlich, seine Meinung freundlich, aber mit Nachdruck vorzubringen. Sie mögen nicht, dass die Crew ihren Atemregler anfasst? Sagen Sie es ihr, in freundlichem Tonfall und möglichst so, dass es nicht das halbe Boot mitbekommt. Sie sind eine Frau und mögen keine Berührungen? Auch hier kann man auf dieselbe Art die Grenzen frühzeitig setzen. Ich ärgere mich auf vielen Touren häufig über Gäste, die unter der Woche den Mund nicht aufbekommen, später aber an allem etwas herumzumeckern haben. Ägypter sind in der Regel meist freundliche und aufgeschlossene Menschen – Gedanken lesen können sie jedoch nicht.

TRINKGELD

„Wie viel tut man denn so in die Box?" ist eine der beliebtesten Fragen, wenn die Woche auf dem Schiff sich dem Ende zuneigt. Meist liegt die Summe pro Gast bei rund 30 EUR für die Crew und 20 EUR für die Guides. Generell sollte man Trinkgeld aber immer als etwas Freiwilliges betrachten, als Anerkennung für einen außergewöhnlichen Service. Anders ausgedrückt: Wenn Sie überhaupt nicht zufrieden waren, ist es auch keine Schande, das Trinkgeld komplett ausfallen zu lassen. Dies gilt aber umgekehrt auch für die Obergrenzen: Wer die Briefings ausgesprochen informativ fand, häufig auf die Dienste der Guides zurückgegriffen hat oder von der Crew besonders aufmerksam umsorgt wurde, darf auch gerne mal etwas mehr in die Box stecken.

KLEIDUNG

Für jeden Tag ein T-Shirt, zwei kurze Hosen, Unterwäsche, Badehosen, Bikinis oder Badeanzüge – sehr viel mehr braucht man nicht an Bord. Außer, man ist außerhalb der extrem heißen Monate Juli/August unterwegs. Dann freut man sich, wenn man noch zwei flauschige Jogginghosen und Kapuzenshirts mit dabei hat: Die Nächte in Ägypten können kalt werden, dazu kommt der ständig wehende Nordwind. Ebenso praktisch sind dicke Socken mit Anti-Rutsch-Noppen, die an Bord die Füße warm halten. Wer unter dem Sternenhimmel an Deck schlafen möchte, sollte auf einen Schlafsack zurückgreifen – nachts wird es kühl und aufgrund des Taus auch häufig mal ein wenig klamm; Decken und Bettzeug aus der Kabine haben deshalb auf dem Sonnendeck nichts zu suchen.

Eines der imposantesten Safarischiffe Ägyptens – die Seven7Seas

MEDIKAMENTE

Schmerztabletten und Antibiotika sollte man von zu Hause mitbringen. Zwar sind die meisten Bordapotheken recht gut bestückt, deren Medikamente leider aber auch oftmals über das Mindesthaltbarkeitsdatum hinaus. Auch Pflaster und Desinfektionsmittel für Wunden schaden nicht. Sparen kann man sich dagegen die deutschen Mittel gegen Durchfall und Seekrankheit: Erstere helfen gegen ägyptische Bakterien häufig nicht, im zweiten Fall ist „Emeral", welches auf nahezu jedem Safarischiff frei zugänglich herumliegt, für Taucher nahezu perfekt: Gute Wirkung, keine bekannten negativen Nebenwirkungen. Wer noch ein wenig für seine Gesundheit tun möchte, kann ein Kombipräparat mit Magnesium in Brausepulverform einpacken. Es schadet in keinem Fall und hilft, auch mehrere Liter Wasser am Tag zu sich zu nehmen.

TAUCHAUSRÜSTUNG

Auch in Ägypten gilt: Ein Shorty ist nicht unbedingt der Anzug der Wahl. Wracks haben scharfkantige Teile, trotz aller Vorsicht kann man mal eine Feuerkoralle berühren und gegen Quallen und Nesseltiere ist man eh machtlos. Deshalb ist man – je nach Wassertemperatur und eigenem Kälteempfinden – mit einem drei bis sieben Millimeter dicken Overall am besten bedient. Dass das Jacket und der Atemregler gepflegt und in einem voll funktionstüchtigem Zustand gehalten werden sollen, versteht sich von selbst. Wer an seinem Atemregler jedoch gerade eine Revision hat machen lassen, sollte diesen vor der Tour unbedingt einmal im Wasser ausprobieren: Die Male, die ein frisch revisionierter Regler an Bord beim ersten Tauchgang abgeblasen hat, kann ich kaum noch zählen ...

Auch eine Box mit den wichtigsten Ersatzteilen gehört ins Reisegepäck: Ersatzbänder für Masken und Flossen (sofern man nicht auf die durchweg empfehlenswerten „Spring Straps" umgestellt hat), passende O-Ringe für den Lungenautomaten, ein wenig Werkzeug und Neoprenkleber sowie eventuell noch ein Ersatzinflator: An Bord ist guter Rat sonst oftmals teuer.

TIEFTAUCHEN UND WRACKPENETRATIONEN

Oft sind in diesem Buch Tauchgänge beschrieben, die außerhalb der geltenden Regeln liegen: Tauchgänge weit ins Innere von Wracks hinein. Tauchgänge wie beim Torbogen an Elphinstone, die deutlich unterhalb der gängigen Tiefengrenzen absolviert werden. Viele Autoren ähnlicher Bücher haben sich dazu entschlossen, solche Tauchgänge nicht detailliert zu beschreiben – und sie haben dafür gute Gründe: Zum einen gibt es die ägyptischen Bestimmungen, die Tauchgänge mit Pressluft auf 40 Meter Tiefe beschränken. Zum anderen gibt es die Empfehlungen der Ausbildungsorganisationen und Verbände, die ebenfalls samt und sonders davon abraten. In diesen Tiefen macht sich – da kann es auch gar keine zwei Meinungen geben – eine wie stark auch immer ausgebildete Stickstoffnarkose bemerkbar, der gefürchtete „Tiefenrausch". Wer sich dennoch in diesen Bereichen bewegt, dem sollte klar sein: Im Allgemeinen ist Tauchen ein Sport, wo der Grenzbereich, in dem sich kleine Fehler noch problemlos ausbügeln lassen, sehr weit gesteckt ist. In diesen Tiefen oder weit im Inneren eines Wracks dagegen wird er jedoch verdammt schmal. Davon abgesehen, ist eine Tauchsafari auch der denkbar ungeeignetste Moment, um sich in Bereiche vorzuwagen, in denen man zuvor noch nie gewesen ist: Die nächste Druckkammer ist weit entfernt, jeder Unfall hat nicht nur Auswirkungen auf die eigene Gesundheit,

Allzeit bereit: Die Tauchflaschen auf dem Tauchdeck

sondern verdirbt auch Mitreisenden ganz gehörig den Urlaub. Wer auch nur eine Sekunde überlegt, ob solche Tauchgänge von ihm sicher absolviert werden können, dem kann man nur raten: Lass es! Nüchtern betrachtet, sind kein Wrack und kein Torbogen das gesteigerte Risiko wert. Dies ist jedoch nur die eine Seite der Medaille.

Auf der anderen Seite steht die gängige Praxis: Ob erlaubt oder nicht – solche Abstiege werden in Ägypten tagtäglich hundert-fach durchgeführt. Auch von den Autoren diverser Bücher, von den Redakteuren diverser Tauchmagazine. Nur dem Leser mag man dies nicht detailliert beschreiben, was ein wenig an „Wein trinken und Wasser predigen" erinnert. Zum Tauchen gehört das Abenteuer, die Neugierde, die Lust auf Entdeckungen – Dinge, die den Reiz des Hobbys nicht unwesentlich mitbestimmen. Und nicht jedes Wrack, nicht jeder tolle Tauchspot hält sich sklavisch an die 40-Meter-Grenze, die wie viele Grenzen auch eine fließende ist: Ein Anfänger mit 30 Tauchgängen, der neben dem AOWD-Schein ein fast inhaltsleeres „Deep-Dive-Specialty" erworben hat, darf anschließend 40 Meter tief tauchen. Und einem Taucher mit einer Tauchgangsanzahl weit im dreistelli-gen Bereich, der sich intensiv mit Dekompression auseinander gesetzt hat, womöglich Tauchlehrer ist und regelmäßig tauchen geht, soll kein einziger Meter zusätzlich zugestanden werden? Ist dies eine praxisnahe Regelung oder eher eine, die an der Realität vorbeigeht? Taucht der Anfänger mit 30 Tauchgängen in 38 Meter Tiefe wirklich sicherer als der erfahrene Taucher in 45 Meter? Und genau aus diesem Grund habe ich solche Tauchgänge auch in das Buch aufgenommen. Nicht als Anreiz für Anfänger, die eigenen Grenzen zu verschieben, sondern als Hilfestellung für Taucher mit einer dementsprechenden Erfah-rung und Ausbildung, die wissen wollen, wo genau sie unter Wasser etwas finden können – ohne vorher die wertvolle Grund-zeit lange mit der Suche danach verschwenden zu müssen.

VERMEIDUNG VON DEKOMPRESSIONSUNFÄLLEN

Bei allen unterschiedlichen Studien und Theorien zu dem Thema – fünf Punkte haben sich in der Praxis bewährt: 1. Langsam austauchen, insbesondere im Flachwasserbereich oberhalb von zehn Metern. 2. Tiefenstopps bei Tauchgängen tiefer als 20 Meter einlegen (ganz grob: eine Minute auf der Hälfte der Tiefe). 3. Immer einen Sicherheitsstopp machen. 4. Wo es geht: Mit Nitrox tauchen, den Rechner aber auf Luft eingestellt lassen (maximale Tiefe beachten!). Und 5. Vor allem: trinken, trinken, trinken – nicht Massen an Litern auf einmal, sondern konstant und in kleinen Schlucken über den Tag verteilt. Vier bis fünf Liter dürfen es insgesamt schon sein.

Doktor Anke Fabian, Ärztin für Tauch- und Überdruckmedizin des Druckkammerzentrums Heidelberg, kennt sämtliche medizinischen Aspekte des Tauchsports und empfiehlt zum Thema Trinken, Pulver wie „Elotrans" oder „Oralpädon" auf die Reise mitzunehmen, die man in Wasser auflösen kann. Präparate, die eigentlich zur Elektrolyt- und Flüssigkeitszufuhr (Ausgleich von Salz- und Wasserverlusten) bei Durchfallerkrankungen gedacht sind: „Verabreicht in der für Kinder vorgesehenen Dosis, sind diese ein ideales „Tauchergetränk" und helfen, Dehydration vorzubeugen. Wer mag, kann noch eine Prise Vitamin C beimischen – das schadet dem Immunsystem ganz sicher nicht."

ZUM ERSTEN MAL AUF TAUCHSAFARI

Irgendwann muss sie sein, die erste Tauchsafari im Leben der Redakteurin eines Tauchmagazins; ersehnt mit Hoffnungen und Befürchtungen. Nina Zschiesche vom VDST-Magazin „Sporttaucher" ging 2009 auf ihre ganz persönliche Jungfernfahrt Ein fröhlicher Bericht voller Leider.

Als sie mir die Schuhe nahmen, wurde es mir klar. Jetzt gibt es kein Zurück mehr. So wie meine Schlappen mit all den anderen Tretern in eine große Tüte gesteckt wurden und bis zum Ende der Reise fest verschnürt ins Unterdeck wanderten, sollte es auch mir ergehen: Eine Woche eingesperrt auf einem Boot, zusammengewürfelt mit fremden Menschen. Keine Fluchtmöglichkeit, kein „Ich geh mal um den Block". Ein Lebensraum von 40 mal acht Meter – artgerecht kann das nicht sein. Warum tue ich mir das nur an? Aber alle alten Safarihasen, die ich gefragt hatte, wie das denn so sei auf einer Safari und ob man da nicht durchdrehe angesichts der beengten Verhältnisse, gaben mir die immer gleiche Antwort: „Ach was, das ist ganz großartig – nur Tauchen, Essen, Schlafen, du wirst schon sehen." Na dann ...

So schluckte ich meine Menschenphobie herunter und stellte mich den Neuankömmlingen, die nach und nach eintrudelten, mit einem Lächeln und einem offenen Ohr. Man will ja nicht voreingenommen sein. Händeschütteln, Namen austauschen, Namen vergessen. Wo kommst du her? Was machst du so? Wo bist du schon getaucht? Ein paar Minuten für jeden, wie beim Speed-Dating.

Irgendwann tun die Ohren weh, das Lächeln friert ein und das Bier schmeckt schlimmer als bei Aldi. Bleiben der Gang in die Kabine und die Konfrontation mit der nächsten Angst. Eng ist es hier, verdammt eng. Nur zwei Betten und ein schmaler Gang. Dazu ein winziges Bullauge, aus dem selbst ein Mager-Model nicht fliehen könnte. Im Knast muss man sich so etwas nicht gefallen lassen: Gefängniszellen unter zwölf Quadratmetern gelten als Verstoß gegen die Menschenwürde. Das hier wäre sicherlich ein Fall für den obersten Gerichtshof. Aber man ist ja freiwillig hier. Und in Ägypten. Da lässt sich kaum klagen. Höchstens gegen die Fotos auf der Homepage, die einen großzügigen Raum vorgaukeln: Diese Fisheye-Objektive gehören verboten.

Stilles Leid

Die nächste Qual lässt nicht lange auf sich warten. Die Überfahrt zu den Brothers wird zur Bewährungsprobe für den Magen. Vollgepumpt mit Emeral liege ich auf dem Bett und leide still vor mich hin. Ein endloser Ritt auf den Wellen, auf und ab und fort und weiter. Die Welt steht schief, das Bett fährt Karussell, die Maschinen dröhnen. An Schlaf ist nicht zu denken, trotzdem schnarcht mein Kabinengenosse selig vor sich hin, als würde ihn seine Mama in den Armen wiegen. Immerhin ein kleine Genugtuung sind die Geräusche von nebenan. Jemand kotzt sich gerade die Seele aus dem Leib. Es gibt eben immer ein armes Schwein, dem es noch schlechter geht.

Auch das Klo hält dem Schaukeln nicht stand. Widerliche Dämpfe steigen aus der Schüssel empor, eine Mischung aus Chemikalien und Exkrementen Der graubärtige Norbert nimmt mich väterlich zur Seite und erklärt mir, dass ich froh sein kann, überhaupt ein Klo zu haben: „Bei den ersten Safaris mit Rudi Kneip hatten wir sowas gar nicht. Wir haben unsere Ärsche einfach über die Bordwand gehängt". Ein Trost ist das nicht wirklich. Aber ein echter Brüller in der mittlerweile eingeschweißten Altherren-und-Tauchküken-Runde auf dem Oberdeck. Mit jedem Tag wird das Lachen lauter, länger und kindischer. Der Stickstoff und das frühe Aufstehen morgens um sechs zeigen ihre Wirkung. Die Müdigkeit stimmt milde. Das Denken reduziert sich, wird einfach und leicht. Die Albernheit legt sich wie eine warme Decke über die Gemeinschaft an Bord Dass Privatsphäre auf so einem Safarischiff kaum vorhanden ist stört auch niemanden mehr. Man taucht zusammen, man isst und döst zusammen, man teilt ein Schicksal. Eine Safari wirkt wie ein sanfter Gleichmacher. Irgendwann sind die Neulinge kaum mehr von den „Tauch-Dinos" zu unterscheiden. Ob man nun aus Lindau oder Bottrop kommt, 70 oder 3000 Tauchgänge im Logbuch hat – die Unterschiede verschwimmen. Bis auf die wenigen Momente, in denen die Altvorderen ihre Weisheit mit den Neulingen teilen. „Wo Alkohol ist, da ist kein Stickstoff", erklärt Norbert selbstsicher und schenkt mir noch einen Gin mit Sprite ein.

Unliebsame Anblicke

Die Frage, warum man sich das antut, hat auch keine Bedeutung mehr. Man tut es einfach. Jeder Tag ist gleich, nur die Tauchplätze sind anders. Der Rhythmus von Tauchen, Essen und Schlafen lullt ein und wird zur süßen Gewohnheit. Das Oberdeck ist der neue Lebensmittelpunkt, der nur hin und wieder von unliebsamen Anblicken getrübt wird: Anitas Hängebusen, der immer wieder aus dem Oberteil rutscht, Martins Taucher-Dekolleté, in dem sich Schweißbäche sammeln, oder Christophs T-Shirt, das jeden Tag ein wenig mehr Salzkruste ansetzt. Dann schließt man am besten die Augen und lässt sich den Wind um die Nase blasen. Und wenn die Dame nebenan jetzt endlich ihren Mund halten würde, könnte das fast eine echte Erholung sein.

Wird es zu viel mit dem Schweiß, dem Geplauder und den beengten Verhältnissen, ist das Tauchen die beste Fluchtmöglichkeit. Der Atemregler bringt auch die letzte Plaudertasche zum Schweigen, die Haut kühlt angenehm herunter. Und der Auslauf im weiten Blau entschädigt für jede noch so enge Kabine. Ein Freigang der luxuriösen Art. Dass an Bord so wenig Platz ist, fällt auch danach nicht mehr ins Gewicht. Denn um einen herum liegt das endlose Meer wie eine Verheißung, jeden Tag aus Neue. Bloß wenige Schritte trennen einen vom Tauchgerödel und dem Sprung ins Wasser. Merkwürdig sind nur die ersten Schritte zurück an Land. Denn die Schlappen, die endlich wieder aus ihrer Tüte befreit werden, wollen nicht mehr so richtig passen. Die Füße haben sich breit gemacht in dieser Woche der Freiheit.

Nina Zschiesche

LISTE EMPFEHLENS-WERTER ANBIETER

Eine Liste mit persönlichen Empfehlungen ist vor allem immer eines: subjektiv geprägt und ohne Anspruch auf Vollständigkeit. Wenn Sie einen ins Auge gefassten Anbieter hier vermissen, bedeutet das nicht zwingend, dass ich mit diesem schlechte Erfahrungen gemacht oder Schlechtes gehört habe – es kann auch ganz einfach sein, dass ich ihn schlicht und ergreifend persönlich nicht kenne.

Beluga Reisen: Tauchreiseveranstalter, der von zwei absoluten Reiseprofis geleitet wird: Vera Stratmann und Axel Becker. Große Auswahl an Zielen, die sonst kaum einer im Programm hat, dazu wichtiger Partner der „Sea Serpent Fleet" in Deutschland. www.belugareisen.de

Omneia: Junger Reiseveranstalter, geführt von einer Frau, die das Rote Meer wohl besser kennt als jeder andere Mensch, den ich kenne: Moni Hofbauer, die früher als Guide unter anderem auf der *Number One*, der *Rosetta* und der *Seven7Seas* gearbeitet hat. Erstklassige Beratung, große Auswahl, faire Preise. Besonders die „Safaris mit Moni" sind ein echter Tipp für erfahrene Taucher! www.omneia.de

Orca Reisen: Größter Tauchreiseveranstalter in Deutschland mit enorm weitgefächertem Programm, häufig gute Angebote. www.orca.de

SAM Reisen: Erfahrener Tauchreiseanbieter mit guter, liebevoller Beratung. In Deutschland wohl der größte Anbieter der beliebten Safarischiffe *Thunderbird* und *Firebird*, auf denen der Gast eine gute Mittelklasse zu sehr guten Preisen erwarten kann. www.sam-reisen.de

Schöner Tauchen: Über viele Jahre etablierter Anbieter mit ehrlicher Beratung und großer Programmvielfalt – nicht nur, was Ägypten angeht. www.schoener-tauchen.de

Seawolf-Safari: Seit elf Jahren existierendes Unternehmen unter deutscher Leitung mit einer großen Auswahl an eigenen Schiffen (unter anderem Seawolf Galaxy, Soul und Felo) sowie sehr gutem Preis-/Leistungsverhältnis. Viele individuelle Touren, gute Guides, professionelle Betreuung. www.seawolf-safari.com

Sub-Aqua: Deutschlands zweitgrößter Tauchreiseanbieter ist ein Musterbeispiel an Freundlichkeit, Professionalität und guter Beratung. Große Auswahl an Schiffen und Touren, stets zuverlässige Abwicklung. Dazu ein breit aufgestelltes Programm, welches weit über das Rote Meer hinaus ragt. www.sub-aqua.de

Tauch- und Erlebnisreisen: Kleinerer Anbieter, der von Carmen Schröer liebevoll geleitet wird – individuelle Beratung inklusive. Gute Programmauswahl, häufig interessante Angebote. www.tauch-traeume.de

GESAMTKARTE
ÄGYPTEN

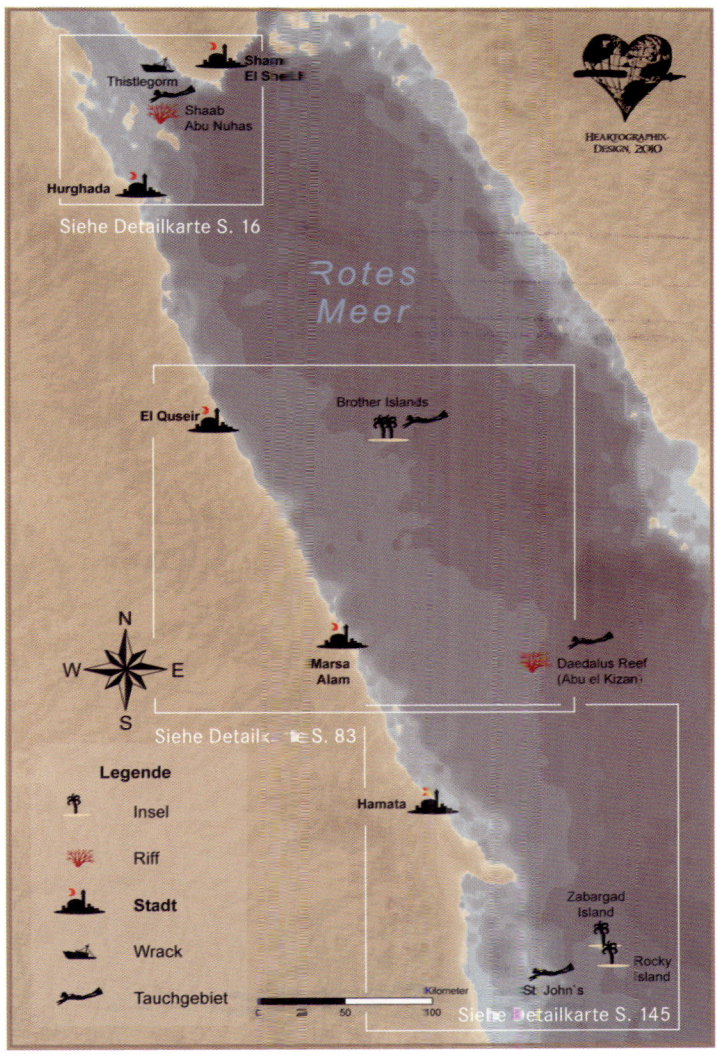

HEARTOGRAPHIX-
DESIGN, 2010

Thistlegorm

Sham
El Sheik

Shaab
Abu Nuhas

Hurghada

Siehe Detailkarte S. 16

Rotes
Meer

El Quseir

Brother Islands

Marsa
Alam

Daedalus Reef
(Abu el Kizan)

Siehe Detailkarte S. 83

Legende

🌴   Insel

🪸   Riff

🕌   **Stadt**

⛵   Wrack

🐟   Tauchgebiet

Hamata

Zabargad
Island

Rocky
Island

St. John's

Kilometer
0   25   50   100

Siehe Detailkarte S. 145

BILDNACHWEIS

Seit 10 Jahren im Königreich des Tauchens

Seawolf – Diving Safari Red Sea

höchster Sicherheitsstandard

highclass Boote

familiäre Atmosphäre

top Preis-/Leistungsverhältnis

Stell Dir Deine eigene Tour zusammen !

SPECIALS

super Frühbucher- und Last-Minute-Angebote

Familiensafaris – Kinder bis 15 Jahre frei

X-mas-Safaris | Special-Touren

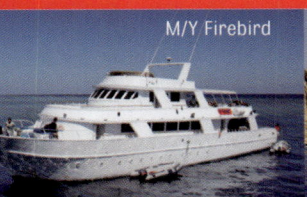
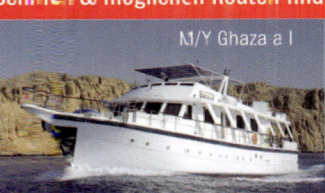

TAUCH
SAFARIS

Als individueller Tauch- und Reiseveranstalter
stellen wir Ihnen ein auf Sie zugeschnittenes
Angebot zusammen – weltweit.

TAUCH- & ERHOLUNGSREISEN
CARMEN SCHRÖER

TAUCH- & ERHOLUNGSREISEN • CARMEN SCHRÖER • FROHNENBERG 6 • 51580 REICHSHOF
TEL: +49 (0) 22 97 9 09 96 79 ODER +49 (0) 22 97 90 24 69 • FAX: +49 (0) 22 97 90 24 69 • INFO@TAUCH-TRAEUME.DE
www.tauch-traeume.de